기적의 소녀에서 사회 운동가가 된 헬렌 켈러

헬렌 켈러 평전

Die Lebensgeschichte der Helen Keller

카트야 베렌스(Katja Behrens) 지음 | 홍성광 옮김

헬렌 켈러 평전

초판 1쇄 발행 2021년 3월 13일

지은이 카트야 베렌스 **옮긴이** 홍성광
펴낸이 장종표
책임편집 김영신 **디자인** Siru

펴낸곳 도서출판 청송재
등록번호 제2020-000023호(2020년 2월 11일)

주소 서울시 송파구 송파대로 201 테라타워2-B동 1620호
전화 02-881-5761 **팩스** 02-881-5764
홈페이지 http://csjpub.com
페이스북 https://www.facebook.com/csjpub
블로그 https://blog.naver.com/campzang
이메일 sol@csjpub.com

값은 뒤표지에 있습니다.
ISBN 979-11-970125-6-3   03300

헬렌 켈러 평전

Die Lebensgeschichte der Helen Keller

Die Lebensgeschichte der Helen Keller

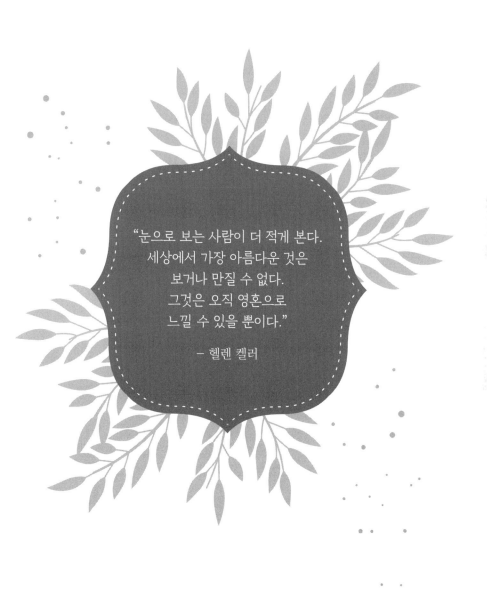

"눈으로 보는 사람이 더 적게 본다.
세상에서 가장 아름다운 것은
보거나 만질 수 없다.
그것은 오직 영혼으로
느낄 수 있을 뿐이다."

– 헬렌 켈러

머리말

헬렌 켈러(Helen Adams Keller, 1880~1968)는 생후 19개월 만에 성홍열과 뇌막염 후유증으로 시각·청각을 모두 잃는 바람에 보지도 듣지도 못하게 된다. 그래서 밝고 쾌활하던 아이가 다루기 힘든 공격적인 아이로 변한다. 아이가 분노를 터뜨리면 온 가족은 공포에 떨게 되고, 그 아이는 아무도 못 말리는 떼쟁이 소녀가 된다. 1887년 3월 헬렌이 일곱 살이 되자 앤 설리번이 가정교사로 들어온다. 앤 설리번은 그 전에 1887년 1월까지 몇 달 동안 특수교육을 위한 가정교사 준비를 한다. 처음에 말할 수 없는 어려움을 겪은 후 이윽고 앤 설리번은 아이와 접촉하는 데 성공한다. 그녀는 지칠 줄 모르고 헬렌의 손바닥에 일일이 단어들의 알파벳을 써준다.

그리하여 설리번 선생님의 헌신적인 노력으로 헬렌의 숨은 재능이 활짝 꽃피어 난다. 앤 설리번이 헬렌의 집에 온 지 몇 달 만에 헬렌은 네 가지 종류의 알파벳을 터득하고, 다른 사람들과 어느 정도 의사소통을 할 수 있게 된다. 그야말로 기적이 일어난 것이다. 헬렌은 승마와 자전거 타는 법을 배우고, 이전에 귀먹고 눈먼 어떤 아이와도 다른 삶을 살아가게 된다. 그 아이와 자신이 '선생님'이라고 부르는 설리번 사이에는 떼려야 뗄 수 없는 깊디깊은 우정이 자라난다. 헬렌 켈러는 설리번의 도움으로 무사히 대학공부를 마치고, 몇 권의 책을 쓰게 된다. 그 책들은 이윽고 전 세계로 번역된다. 헬렌 켈러의 이야기는 벌써 오래전부터 하나의 전설이 되었다. 하지만 이러한 전설은 곧잘 소녀 헬렌과 헬렌 켈러 여사의 본래 모습을 왜곡하고 있다. 그리고 우리처럼 보고 들을 수 있는 사람들이 볼 때는 그것이 사실 기적 같기도 하지만 단지 기적만은 아니라고 생각하도록, 한 아이에게 세상이 열려 가는 이 이야기를 제대로 아는 것이 필요하다.

이 책은 헬렌 켈러의 자서전 《내가 살아온 이야기》를 넘어 20세 이후의 숨겨지고 은폐된 헬렌 켈러의 실제 모습을 그대로 밝히고 있다. 그녀는 어릴 때부터 자기 자신을 변호할 수 없는 사람들의 편을 들어야 한다고 생각했다. 미국 특유의 내숭 떨기에 반기를 들고 자신의 정치적 입장을 표명한 헬렌은 대학 졸업 후 미국 사회당에 가입해 사회당 대통령 후보 유진 뎁스Eugene Debs를 지지하기도 한다. 그녀는 옳다고 생각하면 관습에 따르지 않을 권리를 주장하면서도 분노하는 어머니 앞에서는 어린아이가 된다. 그녀는 인습적인 사고방식으로부터 자유로우며, 일상생활에서는 극히 예속적이지만 생각은 극히 자유분방하다. 그녀는 인종 차별에 반기를 들고, 여성 인권을 옹호하며, 자신을 비판하는 사람들에게 의식적으로 저항한다. 뿐만 아니라 평등을 주된 사회적 목표로 정한 헬렌 켈러는 반전 운동, 반파시즘 활동, 노동자의 권익과 환경 개선 활동, 여성 참정권 운동을 실천했다. 그녀의 이러한 활발한 사회참여에 대해 당시 언론들은 "헬렌 켈러가 누군가에게 조종당한다."라며 비난했는데, 이에 대해 헬렌은 "나는 노동자를 착취하는 공장, 빈민가에도 방문했다. 볼 수 없을지라도 냄새는 맡을 수 있다."라며 자신의 자유 의지에 따라 사회 활동을 하고 있음을 밝혔다.＊

contents

Die Lebensgeschichte der Helen Keller

1.
고삐 풀린 망아지 시절

그 아이는 자기 어머니의 얼굴이 어떤 모습인지 알지 못했다. 아이가 아는 것이라곤 어머니의 냄새와 감촉밖에 없었다. 아이의 두 손은 어머니의 몸을 알았지만, 아이의 몸은 어머니의 두 손을 알지 못했다. 이따금 어머니의 손이 자신을 쓰다듬어 줄 뿐이었다. 아이는 아버지와 가정교사의 손도 알았다. 아이는 이 손들을 정확히 구별할 수 있었지만, 그것이 흰색인지 검은색인지는 알 수 없었다. 사실 그 아이는 흰 손과 검은 손이 있는지도, 검은 손은 몇 년 전까지만 해도 노예의 손이었다는 사실조차 알지 못했다. 아이는 남북전쟁[1]이 일어났다는 사실을 전혀 알지 못했고, 그때 자기 아버지가

---

1) 남북전쟁(American Civil War): 1861~1865년까지 미국에서 발생한 노예해방 전쟁. 미국 남부

남부 동맹군 대위[2]라서 전쟁이 끝난 후에도 사람들이 자기 아버지를 계속 켈러 대위라고 부른 사실에 대해서도 알지 못했다. 아이는 이런 소리를 들을 수 없었기 때문이다. 아이의 귀에는 어떤 소리도 들리지 않은 것이다. 모든 소리는 아이의 머리 위로 스쳐 지나가 버렸다.

사람들이 식탁에서 끝없이 남북전쟁 이야기를 해도 아이는 하나도 알아듣지 못했다. 심지어 그 아이는 대화가 무엇인지도 알지 못했다. 단어라는 게 있는지 알지 못하니 대화라는 게 있는지도 알 수 없었다. 아이는 귀먹고 눈멀기 전에 배웠던 몇 개의 단어들은

와 북부는 노예해방을 둘러싼 갈등이 지속됐는데, 미국 남부 11개 주에서 노예의 존속과 연방 분리를 통한 독립을 주장하며 남북전쟁을 일으켰다. 결국 1865년 남부 군이 패하고 북부가 승리하며 미국 전역에서 노예제가 폐지되었고 노예에게도 시민권이 주어졌다. 북부 주들은 노예제 폐지를 원한 반면 남부 주들은 이에 반발했다. 노예제를 반대하는 공화당 후보 에이브러햄 링컨이 대통령으로 당선되자 남부 주들은 연방에서 탈퇴했다. 남부연합 정부는 남부가 북부보다 애국적 정열 면에서 앞서고, 전략상 유리한 내륙수송로를 가지고 있으며, 환금작물인 목화를 생산하고 있으므로 남북전쟁을 빨리 끝낼 수 있으리라고 생각했다. 반면 링컨 대통령이 이끄는 북부 연방은 남부보다 인구가 2배 이상 많았으며 제조력·수송력에서 남부를 훨씬 능가했다. 1861년 4월 12일 사우스캐롤라이나 주 찰스턴에 있는 섬터 요새에 남부연합 정부가 포격을 가함으로써 전쟁이 시작되었다. 여러 차례의 전투 끝에 1865년 4월 26일 북부가 최종 승리를 거두면서 남북전쟁은 끝이 났다. 그 결과, 연방은 보존되었고 노예제가 폐지되었으며 해방 노예에게 시민권이 주어졌다.

2) 헬렌 켈러의 아버지 아서 H. 켈러는 남부 동맹군 대위였고, 어머니 케이트 애덤스와는 재혼이었다. 두 사람이 결혼했을 때 각기 42세와 22세였다. 제대 후엔 면화 농장을 경영했고, 주간지 신문을 발행하기도 했다. 헬렌의 어머니 케이트 켈러는 남부 동맹군 해병대의 준장을 지낸 찰스 애덤스의 딸이었다. 헬렌의 할머니는 미국 독립전쟁 때 활약한 프랑스 귀족인 라파예트의 부관 가운데 한 사람인 알렉산더 무어의 딸이고, 버지니아 초기 총독을 지낸 알렉산더 스포츠우드의 손녀였다. 헬렌의 할머니는 또한 미국 남북전쟁 때 남군 총사령관인 로버트 리 장군과는 육촌 간이었다.

진작 다 잊어버렸다. 아이는 자신이 어떤 일을 하려고 할 때나 하지 않으려고 할 때 목구멍에서 나오는 소름 끼치는 소리를 듣지 못했다. 아이는 자기 이름이 있다는 사실을 알지 못했고, 집안의 모든 사람, 즉 두 오빠[3], 요리사, 하녀, 마부나 머슴에게도 이름이 있다는 사실을 알지 못했다. 아이가 아는 것이라곤 이들 몸의 감촉과 이들의 냄새뿐이었다. 그리고 어디서 이들을 발견할 수 있는지 점차 알게 되었다.

아이는 집을 돌아다닐 때나, 계단을 오르내릴 때 더듬으면서 앞으로 나아갔다. 하지만 계단이 위아래로 오르내리게 해주는 시설물이라는 사실은 알지 못했다. 하지만 나무가 지니는 성질만은 알고 있었고, 그것의 흔들림은 느낄 수 있었다.

아이는 문이 어디에 있는지 알고 있어서 더듬거리며 나아가 정원으로 나갔다. 정원에서는 바람이 아무 소리 없이 자신의 뺨을 스쳤고, 새소리도 들리지 않았다. 닭의 꼬꼬댁 소리와 개 짖는 소리도 들리지 않았다. 향기, 가시 달린 것, 부드러운 것, 둥근 것과 딱딱한 것만 알아챌 수 있었다. 풀밭에서는 양들의 냄새가 났지만, 양이 맴맴 하는 소리나, 흡족한 모습으로 풀을 뜯는 양의 모습은 알지 못했다. 마구간에서 돼지가 꿀꿀거리는 소리도 알지 못했고, 말없

---

3) 헬렌 켈러에게는 제임스와 심프슨이라는 이복오빠가 있었고, 밀드레드와 필립이라는 친여동생과 친남동생이 있었다. 아서 켈러의 전 부인 사라 로서는 38세의 나이로 세상을 떠났다.

이 조용한 말도 알지 못했다. 짚단이 바스락거리는 소리나 말이 내는 울음소리도 알지 못했다. 단지 손가락으로 만져보아 암소의 부푼 젖만은 알고 있었다.

아이는 우유 냄새를 맡았고, 암소가 꼬리로 자기 얼굴을 후려쳐도 놀라 물러서지 않았다. 아이는 겁이 없고 호기심이 많아 늘 쉬지 않고 혼자 또는 요리사의 딸과 바삐 돌아다녔다. 헬렌보다 몇 살 많았던 그 여자애는 다른 모든 사람처럼 나중에 가서야 마사Martha 워싱턴이라는 이름을 얻었다. 그 여자애와 함께 켈러는 부엌에서 경단을 빚거나 아이스크림 기계를 돌렸다. 가끔 두 아이는 부엌의 계단에도 앉아 칠면조에게 사료를 먹이기도 했다.

아이는 칠면조가 부리로 손바닥을 콕콕 쪼는 것은 느꼈지만 그 이상은 아니었다. 칠면조가 꾸르륵거리는 소리나, 칠면조의 늘어진 살이 빨간색이라는 것은 알지 못했다. 도무지 색과 빛이라는 것을 전혀 알지 못한 것이다. 곳간이 어두컴컴하다는 사실이 아이에게는 아무런 의미가 없었다. 아이에게는 언제 어디서나 어두컴컴했기 때문이다. 낮과 밤이 똑같았고, 오늘과 내일이 구별되지 않았다. 그 아이에게는 과거와 미래라는 게 없었다.

앨라배마의 터스컴비아[4]에서 1880년[5] 6월 27일에 태어난 헬

---

4) Tuscambia. 인디언 말로 '커다란 샘'이라는 뜻.

5) 헬렌이 태어나고 몇 달 후 앤 설리번은 퍼킨스 맹아학교에 들어갔다.

렌 켈러는 자신이 이 세상에 존재한다는 사실을 아직 모르고 있었다. 아이는 자신의 얼굴을 거울에 비추어볼 수 없었다. 아이는 이 세상의 모든 것으로부터 배제된 채, 오직 자기 자신에만 갇혀 있었다.

앤 설리번이 '언어의 기적'을 아이의 손에 남겨준 후, 나중에 헬렌이 언어와 자기가 없던 시절에 자신이 어떠한 존재였는가에 대해 글을 썼을 때 당시의 어린 소녀가 그녀에게는 너무 낯설어 차마 '나 자신'이라고 말할 수 없을 정도였다.

그녀는 제3자의 입장에서 자신에 대해 썼고, 자신을 '허깨비'라고 불렀다. "나는 그 아이를 굼뜨고 힘차고 제멋대로이며, 겁 없는 존재로 기억한다." 이러한 이름 없는 존재, '존재하지 않는 세계의 허깨비'는 자신도 한때 보고 들을 수 있던 시절이 있었다는 사실을 더는 기억하지 못했다. 그리고 자신이 열병을 앓은 후 이러한 말할 수 없는 고생을 하고 있다는 것을 알지 못했다. 더구나 자신이 역사상 가장 용기 있고, 씩씩하고, 현명한 여성들의 한 명이 되어 세계적인 명성을 떨치리라는 사실도 알지 못했다.

아이가 앓았던 병은 뇌막염이 분명했다. 태어난 지 열아홉 달이 되었을 때 그 아이는 삶과 죽음의 갈림길에 서 있었다. 결국 아이는 살아남았고, 고열은 물러갔으며, 부모는 한숨을 돌릴 수 있었다.

헬렌은 이들의 첫째 자식이었다. 어머니 케이트 켈러는 20대 중

반이었고, 아버지 아서 켈러는 40대 중반이었다. 케이트 켈러는 그의 두 번째 부인이라서, 남편이 첫 번째 부인과의 사이에서 난 두 아들인 제임스[6]나 심프슨보다 그리 나이가 많지 않았다.

케이트 켈러는 헬렌의 두 눈이 보이지 않는다는 사실을, 딸이 병에서 나은 뒤 처음으로 다시 목욕시키면서 알아챘다. 그래서 아이를 데리고 안과병원에 가보았다. 어머니는 딸이 영원히 앞을 볼 수 없으리란 사실을 확실히 알고 집으로 돌아왔다. 거기서 헬렌이 귀도 들리지 않는다는 사실을 알게 되었다. 아이의 귀에다 대고 고함을 질러 봐도 아이는 꿈쩍도 하지 않은 것이다.

다른 아이들이 세상을 알기 시작하는 나이에, 벌써 아프기 오래 전에 뛰어다닐 줄 알았던 헬렌은 느닷없이 다시 어머니의 품에 착달라붙게 되었다. 아이에게 닫혀 있던 세계가 다시 나중에 열릴 수 있게 된 것은 어쩌면 그 아이가 어머니의 품에서 벗어나, 더듬거리고 쿵쿵거리며 방 안을 돌아다니고, 나중에는 집과 정원을 돌아다니면서 시작되었을지도 모른다.

하지만 그 아이는 더는 전체의 일부분이 아니다. 아이는 가족 내에서 자신의 자리를 잃어버린 것이다. 말하자면 외톨이인 셈이다. 마치 집에서 쫓겨난 것과 같은 처지이다. 어머니가 있을 때도, 가정교사, 아버지, 오빠들, 삼촌과 고모, 요리사, 하녀와 하

---

6) 가족 내에서 헬렌 켈러에게 제재를 가할 수 있는 사람은 그나마 이복오빠 제임스밖에 없었다.

인, 이들 모두가 있을 때도 그 아이는 존재하지 않는다. 아이는 이들을 냄새로 구별할 수 있지만, 이들과 눈길이나 말은 나눌 수 없다. 아이는 누가 오면 늘 그 자리에 있지만, 늘 혼자이다. 마치 아이가 그 자리에 없는 것처럼 모든 것이 아이의 머리 위를 스쳐 지나가 버린다. 다른 사람의 어떤 눈길도 아이가 거기에 있다는 사실, 그리고 그것이 좋은 일이라는 사실을 아이에게 말해주지 않는다. 다른 사람들은 아이가 있다는 사실을 잘 알고, 아이를 걱정하며, 성가시게 생각하고, 심지어 일부 사람들은 참을 수 없게 생각한다는 사실을 아이는 까마득히 모르고 있었다. 아이는 자신과 다른 사람들로부터 단절된 허깨비, 환영幻影이자, 실제로 존재하지 않는 그 무엇이다. 아이는 살갗에 내리쬐는 태양의 열기를 느끼고, 비, 서늘함, 추위는 알고 있으나, 이 세상에 자신의 자리는 없는 것이다.

아이는 커가면서 시간이 흘러간다는 사실을 알지 못한다. 아이는 가는 방향과 목적이 없고, 어디로 가는지 알지 못한다. 나중에 그녀는 자욱이 안개 낀 바다를 배 타고 가는 상태로 자신을 비유할 것이다. 정처 없이 흘러갈 뿐 결코 어디에도 도착하지 않는다. 단지 언제나 가지려 할 뿐이다.

아이가 제일 좋아하는 것은 바닐라 아이스크림이다. 그 아이는 단지 생각만 해도 벌써 바닐라 아이스크림의 맛을 혀에서 느낀다.

아이는 신호[7]를 발전시킨다. 머리를 흔드는 것은 아니라는 뜻이고, 고개를 끄덕이는 것은 그렇다는 뜻이다. 끌어당기는 동작은 오라는 뜻이고, 밀치는 동작은 가라는 뜻이다. 만약 아이스크림을 먹고 싶으면 아이스크림 기계를 돌리는 시늉을 하고, 얼어 죽겠다는 듯이 오들오들 떠는 동작을 한다. 아이의 세계는 맛, 감촉, 냄새로 이루어져 있다. 부엌의 햄, 절인 오이, 커피 분쇄기의 커피 원두가 아이가 맛보는 세계이다. 모두 이름 없는 냄새들이다. 어느 것도 다른 것과 관계 맺지 않는다. 그 아이가 더듬어 알아내는 사물은 존재하고, 그렇지 못한 사물은 존재하지 않는 것이다. "나는 내 손가락으로 '생각하고', 원했다. 내가 어떤 사람을 창조했다면 확실히 뇌와 영혼을 내 손가락 끝에 넣어두었을 것이다."

아이는 어머니와 가정교사와는 무관하게 혼자, 언뜻 보면 자율적으로 움직인다. 그렇지만 아이는 완전히 독립적이다. 모든 일은 느닷없이, 불시에 일어난다. 갑자기 아이는 누군가를 만지고 꽉 붙잡는다. 갑자기 아이는 어딘가에 부딪혀서 넘어지고, 지저분한 것에 손을 집어넣는다.

그 아이는 자신에게 무슨 일이 일어나는지 알지 못한다. 앞치마가 젖으면 거실의 벽난로 앞에 펴서 말린다. 말리는 시간이 너무 오

---

7) 헬렌은 앤 설리번 선생이 오기 전까지 자신의 의사를 나타내는 60여 개의 신호를 만들어 가족과 의사소통을 했다.

래 걸리자 앞치마를 난로 가까이 댔다가 그만 아이의 옷에 불이 붙고 만다. 아이는 있는 힘을 다해 울부짖는다. 가정교사가 이 소리를 듣고 이불을 아이 위에 던진다. 지금 이 순간에도 아이는 자신에게 무슨 일이 일어나는지 알지 못한다. 다만 숨이 막혀 거의 죽을 것 같다는 느낌 말고는. 머리카락과 손이 그을렸다. 이러한 충격이 하도 커서 아이는 몇 년 동안이나 이에 관해 꿈을 꾸게 된다. 아이가 이 시절에 꾼 꿈들은 하나같이 다 악몽들이다. "유령이 내 얼굴 앞을 휙 스치고 지나치는 기분이다. 서늘한 11월 저녁에 열린 창가에서 느끼는 것처럼 차갑고 축축한 느낌이 든다. 그 유령은 손을 뻗으면 닿을 거리에 멈추어 서서, 마치 걱정거리가 있는 사람처럼 몸을 앞뒤로 움직인다. 내 피가 차가워진다. 마치 핏줄 속의 피가 얼어붙는 듯한 느낌이 든다. 나는 몸을 움직이려 하지만, 내 몸은 마법에 사로잡힌 듯 꼼짝도 하지 않는다. 심지어 고함조차 지를 수 없다."

꿈과 현실이 서로 뒤섞인다. 그녀는 몸을 숨긴다. "나의 고모는 내가 보이지 않자 울음을 터뜨렸다. 하지만 나는 그녀와 다른 식구들이 나를 찾느라, 나의 두 발로 느낄 수 있는 커다란 소동을 벌일 거라는 생각을 하며 꼬마 악마처럼 즐거워했다. 그러다가 갑자기 불안하고 두려운 생각이 들면서 못된 장난을 하고 싶은 마음이 싹 달아났다. 나는 추위에 오들오들 떨었다. 공기에는 아이스크림과 소금 같은 냄새가 났다. 나는 달아나려고 했지만, 기다란 풀에 걸려 얼굴을 찧고 말았다. 나는 조용히 드러누워 온몸으로 느꼈다. 잠시 후 나의 모든 감각과 지각이 손가락에 모이는 느낌이 들었다. 그리고 칼처럼 날카로운 풀줄기에 손이 베어져 아프다는 사실을 깨달았다. 날카로운 풀에 베이지 않기 위해 조심스럽게 일어나려고 했다. 그때 느닷없이 무언가가 몰래 기어오는 느낌, 일부러 바로 나를 향해 기어오는 느낌을 받았다. 나는 당시에 어떻게 내 마음속에 이런 개념이 생길 수 있었는지 알지 못한다. 아직 고의적이라는 단어를 알지 못했기 때문이었다. 그렇지만 나를 두려움에 떨게 한 것은 기어오는 동물 그 자체가 아니라 그 동물이 나를 노리고 기어온다는 점이었다. 나는 살아 있는 동물들은 무서워하지 않았다. 나는 아버지의 개, 깡충거리며 뛰노는 송아지, 부드러운 암소, 손바닥에 올려놓은 사과를 받아먹는 말과 버새8)를 좋아했다. 지금까지 이런 동물이 나에게 무슨 해를 끼친 적이 한 번도 없었다. 나는 땅에 누운 채 숨도 제대로 쉬지 못할 정도로 겁에 질려 그 동물이 나를 덮쳐서는 기다란 발톱으로 내 살을 찢기를 기다렸다. 칠면조의 발톱 같다는 느낌이 들었다. 갑자기 축축하고 따뜻한 것이 내 얼굴을 만지는 것이었다. 나는 고함을 지르고 미친 듯이 마구 몸을 버둥거리다가 마침내 잠에서 깨어났다."

꿈과 현실이 뒤섞여 일어났다. 헬렌은 잠을 잘 때나 깨어 있을 때

---

8) 수말과 암탕나귀와의 사이에서 난 잡종이다. 반대로 암말과 수탕나귀 사이에서 나온 새끼는 노새라고 한다. 노새와 비슷하게 생겼으나, 몸집이 조금 작다.

마구 발버둥을 쳤다. 이렇게 해서만 자기 자신으로부터 벗어날 수 있었다. 아침에 옷을 입을 때나, 저녁에 옷을 벗을 때를 막론하고 발버둥을 치고, 떼를 썼으며, 무슨 일을 하려고 할 때나 하지 않으려고 할 때마다 미쳐 날뛰었다.

그 아이는 자기를 방해하는 것이면 뭐든지 덤벼들어 밀치며 그것에 부딪혔다. 이렇게 해서 헬렌 때문에 집 안에 남아나는 물건이 하나도 없을 정도였다. 나중에 그녀는 당시를 회상하며 자신이 그때 '거칠고, 파괴적인 한 마리 짐승'이었노라고 말했다.

그래도 그 아이를 벌주는 사람은 아무도 없었다. 그 아이는 화가 날 때도 빈 곳을 들이받았다. 하지만 그 아이의 이러한 생떼는 먹혀들지 않았다. 언젠가 그 아이는 다른 사람들은 자기처럼 신호를 보내 의사소통을 하는 것이 아니라 입이나 손으로 자신의 의사를 표현한다는 사실을 알게 되었다. 그 아이는 그게 무엇인지 이해하지 못했다. 그래서 서로 대화를 나누고 있는 두 사람 사이에 서서 언제나 이들의 입술에 손을 갖다 대며 만져보곤 했다. 그리고 자기 뜻이 받아들여지지 않을 때마다 다시금 제정신을 잃고 발버둥을 치며 미쳐 날뛰었다. 그리고 고래고래 소리를 질러대는 바람에 자신만 제외하고 집안의 모든 사람은 말할 수 없는 고통에 시달렸다.

그 아이는 남의 말을 이해하고 자기 뜻을 이해시키기 위해 고삐 풀린 망아지처럼 굴었다. 게다가 어떻게 말릴 수 없을 정도로 힘이 좋았다. 하지만 그 좋은 힘으로 아이는 어떤 것도 시작할 수 없었고, 단지 화내며 떼를 쓸 때만 이렇게 막무가내로 행동할 뿐이었다. 그녀는 나중에 자신이 이렇게 화를 냈다는 감정을 더는 기억할 수 없었다. 단지 때리고 부딪치고 하면서 몸으로 느낀 감정만 기억할 뿐이었다. 그 아이는 다른 사람들과 단절되었을 뿐만 아니라 자기 자신과도 단절되어 있었다. 그 아이는 울 때 근심 걱정을 느낀 게 아니라 뺨으로 눈물이 흘러내린다는 사실만을 느꼈을 뿐이다. 마치 유리창 밖으로 빗물이 흘러내리는 것을 유리창 안에서 지켜보는 사람처럼 말이다.

그런데 어느 날 보니 난데없이 누군가 자기 어머니 품에 안겨 있는 것이었다. 자신의 자리를 차지한 그 존재가 밀드레드라고 불린 자신의 여동생임을 알지 못했다. 그 아이는 자신의 나이가 다섯 살임을 알지 못했고, 년年이라는 게 있다는 사실을 알지 못했다. 그 아이에게는 모든 게 현재였다. 확실히 그 아이는 전에 손으로 어머니 배를 만져보고 혼란스러운 변화를 감지하기는 했었다. 다른 모든 사물에 대해서도 아무런 설명을 듣지 못한 아이로서는 이러한 현상을 그저 참고 받아들이는 수밖에 없었다.

어느 날 갑자기 헬렌이 인형의 잠자리로 이용하던 요람에 아기가 누워 있었다. 그래서 아이는 그 요람을 뒤집어버렸다. 그 바람에 아기가 요람 밖으로 튕겨 나가는 것을 어머니가 간신히 붙잡았다. 어머니는 자기가 아기를 붙잡지 않았더라면 이때 무슨 일이 일어났을까 생각하며 가슴을 쓸어내려야 했다. 그리고 자신의 아이에 대해 두려운 감정을 품지 않을 수 없었다. 그리고 병을 앓은 후 그 때문에 헬렌의 뇌가 손상을 받았음에도 스스로에게 처음으로 이런 질문을 하게 되었다. 아이의 오빠 한 명은 헬렌이 지적장애아知的障礙兒[9]라면서, 동생을 집에서 내보내 장애아 수용소에 넣어야 한다고 말했다.

여기에 미쳐 날뛰는 한 소녀가 있어 온 가족을 꼼짝 못 하게 만들고 있었다. 하지만 벌써 그 아이는 말귀를 알아듣고 철들 나이가 되었다. 우리가 여기서 이야기하는 내용은 1885년 앨라배마에서 일어나는 일들이다. 그리고 소녀가 어떠해야 하는지에 대해서는 의문의 여지가 없다. 이에 대해 의심한다는 것은 거의 생각할 수 없는 일이다. 당시만 해도 텔레비전도 라디오도 없고, 심지어 전기조차 없던 시절이다.

헬렌은 저녁에 석유등에 불을 붙일 때 나는 냄새를 알고 있다. 하지만 석유등이 환하게 불을 밝힌다는 사실은 아직 모르고 있다. 아이의 몸은 건강하다. 아이를 귀먹고 눈멀게 한 병을 앓은 후부터 그 아이는 단 하루도 아픈 적이 없었다. 아이는 건강하고 힘차며, 자신을 에워싸고 있는 눈에 보이지 않는 장벽에 맞서 격렬하게 저항한

---

9) 선천적으로 또는 생후 비교적 조기에 중추 신경계 장애로 지능 발달이 뒤처져 정상적인 사회생활에 지장을 받는 아동을 말함.

다. 힘이 약한 사람이라면 진작 포기했을지도 모르고, 둔감하고 우둔하게 되었을지도 모른다.

그러나 헬렌은 포기하지 않고 늘 새로이 분노를 터뜨리며 닫힌 문을 마구 두드렸다. 그 아이가 언젠가 열쇠가 무엇인지 알고는 어머니를 방에 가두고 기분 좋아했다. 한번은 하인들이 부근에 없었을 때 그 아이는 어머니를 식당에 가두고는 계단 위로 올라가 앉아 고소해하며 웃음을 터뜨렸다.

그 아이는 문을 쾅쾅 두드릴 때 나는 진동을 느꼈고, 그 안에서 어머니가 무슨 일을 하는지 정확히 알고 있었다. 어머니는 갇힌 채 안에서 문을 쾅쾅 두드리고 있었던 것이다. 어머니는 밖으로 나오려고 했지만 그럴 수 없었다. 그리고 앤 설리번이 헬렌의 집에 들어온 직후에 그녀도 포로가 되어 자신의 방에서 문을 쾅쾅 두드리지 않을 수 없었다. 헬렌은 선생님을 방에 가두고는 열쇠를 옷장 아래 복도에 감추어 두었다. 자신이 알 수 없는 이유로 난데없이 나타난 그 이름 없는 사람이 얼마 안 가 자신의 인생에서 가장 중요한 사람이 되리라는 사실을 그 아이가 알 턱이 없었다. 그 때문에 부랴부랴 달려온 부모에게 열쇠가 있는 곳을 알려주기를 거부했다. 그래서 하는 수 없이 아버지가 사다리를 가져와서 그 위로 올라가 설리번 양을 창밖으로 끄집어낼 수밖에 없었다.*

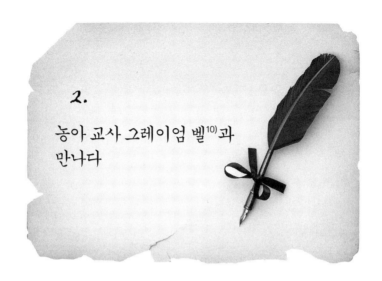

2.
농아 교사 그레이엄 벨[10]과 만나다

앤 설리번이 헬렌을 가르치려고 그녀 집에 왔을 때 앤의 나이는 스물하나였다. 헬렌의 어머니 케이트 켈러는 귀먹고 눈먼 아이를 고립된 상태에서 구해 낼 수 있다는 사실을 어떤 책에서 읽었던 것

---

10) 알렉산더 그레이엄 벨(Alexander Graham Bell, 1847~1922): 웅변술과 언어교정에 대해 권위를 인정받은 집안의 후손으로 1876년 전화기를 발명했다. 전화기를 발명한 이듬해 벨 전화 회사를 세웠다. 런던 대학에서 공부를 마치고 1870년 캐나다로 이주한 벨은 다음 해 보스턴에 농아 교사를 훈련하는 학교를 세워 연구와 가르침을 병행했다. 1873년 보스턴대 음성 생리학 교수로 임명되어 '음성 생리학'과 아버지가 생각해낸 '보면서 말하는 법'을 가르쳤다. 또한 음성을 연구하기 시작하면서 음파를 전류에 실어 보내는 방법이 없을까 연구하다가 기계수리공이자 모형 제작자인 토머스 웟슨의 도움으로 전기로 소리를 전달하는 기구를 고안하여 1875년 4월에 다중 전신에 대한 특허를 인정받았다. 13세의 헬렌 켈러는 벨의 새 볼타 사무국(오늘날 농아들의 구두교육과 관련된 국제적 정보국) 건물 기공식에 참석했다.

이다. 그것은 찰스 디킨스[11]가 쓴 《미국 기행American Notes》[12]이라는 책이었다.

케이트 켈러는 책을 많이 읽었다. 그녀는 유명한 영국 작가의 여행기를 그냥 별생각 없이 일반적인 관심 때문에 손에 쥐었을 것이다. 그런데 그 속에는 그녀와 헬렌에게 직접적이고 개인적으로 관련된 글이 있었다.

보스턴에 도착한 직후 자신도 한때 빈민구호소[13]에서 보냈던 디킨스는 북미를 여행하면서 무엇보다도 자선 시설, 정신병원 및 감옥을 찾아다녔고, 앞 못 보는 아이들이 다니는 퍼킨스 맹아학교를 둘러보았다. 그리고 그곳에서 헬렌처럼 병을 앓은 후 눈멀고 귀먹

---

11) 찰스 디킨스(Charles Dickens, 1812~1870): 영국이 낳은 가장 위대한 소설가 중 한 명. 그는 아동학대, 빈곤, 가정폭력, 노동 및 교육 현실 등 당시 가장 중요한 사회문제들을 다룸으로써 사회에 직접적인 영향을 미쳤다. 주요작으로 《데이비드 코퍼필드》《크리스마스 캐럴》《올리버 트위스트》《미국 기행》 등이 있다.

12) 1842년 디킨스가 약 반년간 아내와 미국 여행을 하고 돌아와 쓴 수기. 《미국 기행》이 발표되었을 때 미국인 독자들은 그 안에 담긴 미국에 대한 비판적인 묘사에 분개하기도 했다고 한다.

13) 미국의 빈민구호소는 지방정부가 운영하는 기관으로, 영국에서는 17~19세기에 구빈원이 운영되었다. 빈민구호소는 식민지 시대부터 운영되었으며 신체장애인, 정신병자, 폐결핵 환자, 무의탁 노인, 부랑아와 실업자, 가벼운 범죄를 저지른 사람, 매춘부, 미혼모, 고아 등을 수용했다. 그러나 의료 및 간호활동이 거의 이루어지지 않고, 위생 및 안전수준이 낮은 데다 책임자들의 관리 소홀과 무능까지 겹쳐 수용자들의 심신 상태가 더욱 악화했기 때문에 많은 비판을 받기 시작했다. 이에 따라 환자·장애인·어린이들이 주 정부 관할의 특수기관으로 옮겨지고 많은 빈민구호소가 문을 닫거나 통합되었다. 1940년대부터 많은 주에서 빈민구호소를 지방 병원으로 바꾸는 것을 장려하는 법을 통과시켰다. 사회보장 혜택과 그 뒤의 저소득자 의료보장제도 또한 빈민구호소에 대한 의존도를 크게 낮추어 마침내 빈민구호소 역시 거의 쓸모없는 기관이 되었다.

게 된 한 소녀를 만나게 되었다. "흡사 대리석으로 된 작은 방에 그 아이가 갇혀 있다는 생각이 들었다. 한 줄기의 빛도 들어오지 않았고 조그마한 소리도 들리지 않았다. 그리고 그 아이의 가련한 흰 손은 돌멩이의 갈라진 틈처럼 드러나 보였다."

그 아이의 이름은 로라 브리지먼[14]이었다. 뉴햄프셔에서 태어난 그녀는 두 살 되던 해 하노버에서 귀먹고 눈멀게 되었고, 냄새와 맛의 감각을 잃어버렸다. 앞을 못 보는 아이들이 다니는 퍼킨스 맹아학교의 교장인 새뮤얼 하우[15]는 그 아이가 여섯 살 되던 해에 그

---

14) 로라 브리지먼(1829~1889): 눈과 귀가 먼 중복 장애인으로 영어로 교육을 받은 최초의 맹아이자 농아였다. 그녀는 두 살 무렵 성홍열에 걸려서 눈과 귀가 멀었을 뿐만 아니라 후각, 미각도 잃었다고 한다. 그녀는 퍼킨스 맹아학교를 다니면서 촉각만으로 영어 교육을 받았다. 퍼킨스 맹아학교의 교장이었던 새뮤얼 하우의 관심 덕분으로 1837년 이 학교에 입학하게 되었다. 입학과 동시에 하우는 촉각을 이용해 그녀에게 직접 알파벳을 가르쳤다. 그는 글자가 볼록하게 돌출하도록 만든 이름표들을 준비하여 열쇠·숟가락·칼 등의 물건들에 붙였다. 이 이름들을 익힌 후 그녀는 개개의 글자들을 배우고 알파벳과 10개의 숫자를 단계적으로 배웠다. 1842년 1월 이 학교를 방문한 찰스 디킨스는 나중에 하우가 로라에게서 성공한 사례를 《일반인을 위한 미국인의 메모American Notes for General Circulation》에서 기록했다. 브리지먼은 학교 수업과 사무를 보기도 하며 여생을 그 학교에서 보냈다.

15) 새뮤얼 하우(Samuel Gridley Howe, 1801~1876): 미국의 교육자로 퍼킨스 맹아학교의 초대 교장을 지냈으며, 눈멀고 귀먹고 말 못 하던 로라 브리지먼에게 알파벳을 가르쳤다. 하버드의대에 입학하여 개업도 할 수 있었으나 보스턴을 떠나 그리스 혁명에 참가했다. 미국으로 돌아와 1831년 보스턴의 맹인을 위한 뉴잉글랜드 보호시설을 조직해달라는 제의를 받아 조사차 즉시 유럽으로 향했지만, 그곳에서 일어난 폴란드 혁명 때문에 관심을 바꾸게 되었다. 잠시 감옥 생활을 하다가 1832년 7월 보스턴에 돌아왔다. 몇 명의 맹인 아동을 받아 그의 아버지 집에서 가르치기 시작했다. 이것이 퍼킨스 맹아학교의 시작이다. 또한 지적장애아들의 환경과 치료에 관심을 가졌고, 한편으로는 시각·청각 장애아와 지적장애아에 대한 보호와 교육을 위해 입법활동도 활발히 전개했다. 1843년 줄리아 워드와 결혼했는데, 그녀는 남북전쟁 때의 '공화국 군가Battle Hymn of the Republic'를 작

녀를 이곳으로 데려왔다. 그리고 그 아이에게 말문을 틔워 주는 방법을 개발했다. 그리하여 그 아이는 말문을 튼 최초의 귀먹고 눈먼 아이가 되었다. "일 년 만에 그 아이는 농아를 위한 알파벳을 손가락으로 대단히 능숙하게 표현할 수 있게 되어, 자신이 아는 단어와 문장을 빠르고도 능숙하게 철자로 표현할 수 있다. 그리하여 이 언어에 익숙해진 사람들만이 그 아이의 잽싼 손놀림을 따라갈 수 있을 정도이다. 아이가 생각을 공중에 신속하게 적는 속도보다도 더욱 놀라운 일은 다른 사람이 쓴 글을 그 아이가 손으로 만지면서 수월하고도 정확하게 읽는다는 점이다. 손의 움직임을 따르며 철자의 의미를 하나하나 파악하게 된다. 자신의 생각에 언어의 옷을 입히려는 그 아이의 노력이 하도 대단해서 아이는 자주 혼잣말을 손가락 언어로 표현할 정도이다. 물론 이러한 일이 더디고 어렵기는 하지만 말이다. 그렇지만 누군가가 부근에 있다는 것을 알아차리면 그 아이는 절대 가만히 있지 않고 그 사람 옆에 바짝 다가가서는 그의 손을 잡고 신호로 그와 대화를 나누어야 직성이 풀린다."

디킨스가 로라 브리지먼을 보았을 때 그녀의 나이는 열두 살이었다. 그녀는 손가락 문자의 도움으로 대화를 나눌 수 있었을 뿐만 아니라 글을 읽고 쓸 수도 있었다.

사했다. 두 사람 모두 노예폐지 운동에 열렬히 참가했고, 자유 토지당의 일원이기도 했다.

이 글을 읽은 케이트 켈러는 한 줄기 희망의 빛을 보았다. 하지만 디킨스가 퍼킨스 맹아학교를 방문한 것은 무려 40년 전의 일이었다. 그리고 그 학교가 아직 그곳에 있는지도 자못 의심스러웠다. 마침 이 무렵 보스턴에서 온 한 남자가 터스컴비아에 머물러 있었다. 그는 말의 장신구를 파는 사람이었다. 케이트 켈러는 그 남자에게 퍼킨스 맹아학교에 대해 들어본 적이 있는지 물어보았다. 그는 그것에 대해 아무것도 아는 게 없었지만 그래도 알아봐주기는 하겠다고 약속했다.

보스턴에서 온 그 남자가 소식을 알려주었는지는 전해지지 않고 있다. 켈러 가족은 그 남자 없이도 퍼킨스 맹아학교가 있는지 알아볼 수 있는 길을 발견했다.

헬렌의 나이 여섯 살 때였다. 아이는 그때 여동생 밀드레드의 요람을 뒤집었다. 아이는 온 가족을 꼼짝 못 하게 했고, 날이면 날마다 매 순간 고함 지르고 울음을 터뜨렸다. 친인척 중에 그녀가 지적장애아라고 말하는 사람은 그녀의 오빠만이 아니었다. 당시에 어머니 케이트 켈러가 얼마나 불안해했는지는 다음 사실이 여실히 보여주고 있다. 몇 년 후 헬렌이 이미 대학을 졸업했을 때 어머니는 《내가 사는 세계》에 나오는 한 구절을 손으로 만져보라고 딸에게 요구했다. 헬렌이 전에 지적장애아였다고 독자들이 결론을 내릴까 봐 우려했기 때문이다. 하지만 그때 그녀의 올케도 아이가 켈러

가의 모든 사람 이상으로 이해력이 뛰어나고, 아이가 자신에게 다
가가는 길만 찾으면 된다고 생각했다.

터스컴비아에서 영향력이 큰 인물이었던 켈러 대위에게는 넓은
땅과 가축이 있었다. 그리고 그는 《노스 앨라배미안North Alabamian》
이라는 신문을 발행하고 있었다. 그는 집에서 먹고 마시는 데는 부
족함이 없었지만 현금은 그리 넉넉하지 않았다. 그러다가 노스 앨
라배마의 경찰서장으로 임명받고서야 이러한 사정이 변하게 되었
다. 이제 월급을 받게 된 그에게 아내, 여동생, 그리고 헬렌과 볼티
모어에 있는 안과병원[16]에 갈 수 있는 경제적 여유가 생겼다. 그곳
은 도저히 눈을 뜰 수 없을 거라던 맹인을 치료했다는 명성을 얻고
있는 병원이었다.

기차를 타고 먼 여행을 해야 하는 길이었다. 부모들에게는 미쳐
날뛰는 어린 소녀를 모든 사람 앞에서 제지해야만 할지도 모르는
우려할 만한 상황이었다. 하지만 그런 우려를 할 필요가 없었다. 헬
렌은 기분 전환이 되어 활기찼고, 분노를 터뜨리지 않았다. 그 아이
는 가능한 한 온갖 사람을 더듬으며 친해졌다. 한 부인은 그 아이에
게 조개 한 상자를 선물했고, 차장은 자신의 집게를 가지고 놀게 해
주었다. 그리고 헬렌의 고모는 손수건으로 아이에게 인형을 만들어
주었다. "그것은 우스꽝스럽고, 형태가 없는 물건이었다. 즉흥적으

---

16) 볼티모어에 있는 유명한 안과의사 줄리안 치솜(Julian Chisolm) 박사의 병원을 말한다.

로 만든 이 인형은 코와 입, 눈과 귀가 없었다. 이상하게도 나에게는 다른 기관이 없는 것보다 눈이 없는 것이 더 마음에 걸렸다. 그래서 나는 이 사실을 모든 승객에게 분명히 이해시키려고 했지만, 인형에 눈을 달아줄 수 있는 사람은 아무도 없는 것 같았다. 이때 불현듯 나의 뇌리를 스치는 하나의 생각이 있었다. 나는 좌석에서 벌떡 일어나 커다란 단추가 달린 고모의 외투를 오랫동안 찾아보았다. 나는 외투에서 단추 두 개를 떼 내어 내 인형에 달아달라고 신호를 보냈다. 고모는 묻는 동작을 하면서 내 손을 자신의 눈에 갖다 댔다. 그래서 나는 힘차게 고개를 끄덕였다. 알맞은 자리에 단추가 달아졌다. 나는 기뻐 어쩔 줄 몰랐지만 그 순간 인형에 대한 모든 흥미를 잃어버리고 말았다."

볼티모어의 안과의사는 헬렌의 눈을 위해 아무런 일도 할 수 없었지만, 그 아이가 활달한 아이라고 설명했다. 그 아이를 가르칠 가능성이 있으므로 워싱턴의 알렉산더 그레이엄 벨에게 가서 알아보는 것이 좋겠다고 했다. 그래서 가족은 워싱턴으로 계속 여행했다. 벨이 처음으로 사용 가능한 전화기를 공식적으로 선보인 지 10년쯤 되던 때였다. 벨은 자신이 발명한 기계를 사용하는 것은 꺼렸지만 듣는 것(그리고 듣지 못하는 것)은 그의 인생에서 특별한 의미가 있었다. 그의 어머니가 청각 장애인이었고, 그는 듣지 못하는 여자와 결혼했던 것이다. 이미 그의 아버지가 이전에 그랬듯이 그 자신은 농아를 위한 교사였다.

헬렌은 자신의 신호를 이해할 줄 아는 사람이 있음을 바로 눈치챘다. 벨은 그 아이의 신호를 이해했고, 그는 아이를 이해했다. 그래서 아이는 화를 내며 떼쓸 필요가 없었다. 그 아이는 그가 좋은 눈을 가지고 있다는 사실을 볼 수 없었다. 그리고 그 아이는 그가 자신의 가장 중요한 친구가 되리라는 사실을 알 수 없었다. 하지만 그의 무릎에 안긴 아이는 그가 마음에 들었다.

벨은 켈러의 부모에게 보스턴에 있는 퍼킨스 맹아학교에 가서 알아보라고 충고했다. 새뮤얼 하우 박사는 이미 사망했지만, 로라 브리지먼은 아직 살아 있었다. 그리고 그 학교는 현재 하우 박사의 사위인 마이클 애너그노스[17]가 운영하고 있었다.

때는 1886년 여름이었다. 아서 켈러는 애너그노스에게 편지를 써서 딸을 가르쳐줄 만한 누군가를 알고 있는지 물어보았다. 그리고 몇 주 지나 적당한 사람을 찾았다는 답변이 왔다. 그 사람이 바로 앤 설리번[18]이다. 그녀는 그 학교를 막 졸업하고 케이

---

17) 마이클 애너그노스(Michael Anagnos, 1837~1906): 새뮤얼 하우의 사위로 퍼킨스 맹아학교의 교장이자 헬렌 켈러의 스승. 새뮤얼 하우 박사는 그리스 독립 전쟁 후 피난민을 구호하기 위해 그리스를 여행하던 중 마이클 애너그노스를 만나, 그를 비서로 고용하고 미국으로 데려왔다. 애너그노스는 퍼킨스 맹아학교의 교사가 되었고, 하우 박사의 딸에게 그리스어를 가르치다가 사랑에 빠져 그녀와 결혼했다. 그는 하우 박사가 사망하자 교장 자리를 물려받았다. 그가 재임하는 동안 앤 설리번이 헬렌의 집에 고용되었다. 그는 세계에서 가장 큰 맹인 도서관을 설립하고, 맹인을 위한 책을 제작했다. 그는 보스턴 사회의 저명인사가 되어, 새로 도착한 그리스 이민자들이 미국 주류 사회에 들어가게 하는 데 큰 도움을 주었다.

18) 앤 설리번(Anne Sullivan Macy, 결혼 전 이름은 Joanna Sullivan, 완전한 이름은 Johanna

프 코드의 브류스터에 있는 소피아 홉킨스 댁에 손님으로 있던
참이었다. *

Mansfield Sullivan Macy, 1866. 4. 14~1935. 10. 20): 헬렌 켈러를 가르친 미국인 교사로 시력과
청력이 없고 정상적인 의사소통이 불가능한 헬렌 켈러를 높은 수준으로 교육시킨 업적으로 유명하
다. 장님이나 다름없던 앤 설리번은 1886년 보스턴에 있는 퍼킨스 맹아학교를 졸업한 다음 해 어릴
때의 병으로 시력과 청력을 잃어버린 7세 된 헬렌 켈러의 가정교사로 일하게 되었다. 인내와 창의력
을 발휘하고 수화용 알파벳을 사용하여 1개월 만에 헬렌 켈러에게 사물에는 이름이 있다는 것을 가
르쳐주었다. 그리하여 설리번은 농아인 아이가 의사소통할 능력을 개발했다. 켈러가 완전한 어휘력
을 구사하고, 천재의 기질을 보여주었기 때문에 다음 해에 켈러와 설리번은 전국적으로 유명해졌다.
설리번은 켈러와 함께 래드클리프 대학(매사추세츠 주 케임브리지 소재 하버드 대학 부속 여자대학
교)에 다니면서, 1904년 켈러가 졸업할 때까지 그녀를 위해 책을 읽어주고 손에 강의 내용을 써주
었다. 설리번은 1905년 문학비평가인 존 앨버트 메이시와 결혼했는데, 그는 헬렌 켈러의 자서전 집
필을 도와주었다. 메이시 부부는 1914년 헤어졌다. 켈러와 설리번은 세계여행을 자주 하면서 강연
과 공연을 했다. 그녀에 관한 책으로는 넬라 브래디가 쓴 《앤 설리번 메이시Anne Sullivan Macy》
(1933), 헬렌 켈러가 쓴 《선생님: 앤 설리번 메이시Teacher: Anne Sullivan Macy》(1955)가 있다.
그리고 윌리엄 깁슨의 《기적을 만들어낸 사람The Miracle Worker》(1957)은 브로드웨이에서 연
극으로 공연되었고, 나중에 영화로도 상영되었다(1962). 1980년에는 조지프 P. 래시의 《헬렌과 선
생님: 헬렌 켈러와 앤 설리번 메이시의 이야기Helen and Teacher: The Story of Helen Keller
and Anne Sullivan Macy》가 출간되었다.

3.
앤 설리번 선생을 만나다

　때는 여름방학이라 앞을 못 보는 아동들을 가르치는 퍼킨스 맹아 학교는 문을 닫고 있었다. 학생들은 방학을 맞아 집으로 가버렸다. 어언 쉰여섯 살이 된 로라 브리지먼은 방학 동안 자신의 가족과 지냈다. 그런데 앤 설리번만은 아무도 아는 사람이 없어서, 만약 소피아 홉킨스가 아니었더라면 어디로 가야 할지 막막했을 것이다. 소피아 홉킨스는 퍼킨스 맹아학교의 여사감이었다. 선장이었던 그녀의 남편이 바다에 나갔다가 목숨을 잃는 바람에 그녀는 졸지에 과부가 되고 말았다. 그러다가 딸마저 세상을 떠나자 그녀는 자신의 인생을 뜻있게 보낼 일을 다시 찾아본 것이다.

　바닷가에서 놀고 있는 눈먼 아이들을 보고 그녀는 보스턴에 있는 맹아학교에 지원할 생각을 품게 되었다. 브류스터에서 그리 멀지 않은 그곳에서 그녀가 근무한 지는 이제 3년이 되었다. 특히 그녀는 한편으로 다루기 어려운 아이였던 앤 설리번을 돌보아주었다. 그녀가 아니었더라면 애니[19]는 아마 한 번 이상 학교에서 퇴학당했을지도 모른다. 하지만 다른 한편으로 재능이 뛰어난 학생인 설리번은 졸업식 때 동급생을 대표한 축사祝辭를 부탁받았다. 그런데 이제 앞으로 어떻게 해야 할지가 문제였다. 애니는 혼자 힘으로 살아가야 했지만 어떻게 해야 할지 막막했다. 그녀는 직업훈련을 받지 않았다. 하지만 돈을 벌어야만 하는 처지였다. 보모를 하든, 접시 닦는 일이든 무엇이든 일을 해야만 했다. 그때 마침 애너그노스 씨에게서 편지가 와서, 켈러네 댁에 가서 일을 해보라는 제의를 받은 것이다.

애니에게는 다른 선택의 여지가 없었다. 방학이 끝나면 소피아 홉킨스는 보스턴으로 되돌아가 새로운 여학생들을 돌볼 것이다. 다른 소녀가 자신의 자리에 앉고 자신의 침대에서 잠을 잘 것이다. 자신이 원하든 원치 않든 애니는 그 제의를 받아들이지 않을 수 없었다. 남쪽으로 가서 낯선 가족들과 지내며 눈멀고 말 못 하는 한 소녀를 가르쳐야 한다. 그곳에서 누군가의 도움을 받지 않고 홀로, 스스로에 의지한 채 살아야 한다.

자신을 도와주는 사람이라곤 홉킨스 부인밖에 없었다. 소피아 홉

---

19) 앤의 애칭.

킨스는 앤 설리번에게 잘 대해주었다. 그녀는 설리번의 보모 역할을 해주었지만, 설리번의 어머니는 아니었다. 일이 제대로 안 되는 경우 애니는 그녀에게 되돌아갈 수 없는 형편이었다. 애니가 브류스터에서 방학을 보낸 것은 이번이 세 번째였다. 하지만 그녀가 홉킨스의 어머니 집에서 당연히 살아야 할 아무런 이유도 없었다. 그것은 소피아 홉킨스의 가정이었지 자신의 가정은 아니었다. 무언가 일이 잘못되는 경우 그녀는 자신이 왔던 곳으로 되돌아가지 않을 수 없었다. 기억에 떠올리기조차 싫은 튜크스베리Tewksbury의 빈민구호소로 말이다.

앤 설리번으로서는 더 이상 겁낼 일이 아무것도 없었다. 그리고 자신의 일에 관해 의견을 나눌 사람도 없었다. 비록 방식은 다르다 하더라도 그녀 역시 헬렌처럼 마음의 문을 꽁꽁 걸어 잠그고 있었다. 아이의 선생님이 될 예정인 그녀는 아이의 이름이 헬렌이라는 사실 말고는 아이에 대해 하나도 아는 게 없었다. 아이가 눈멀고 귀먹었다는 사실에도 그녀는 그리 놀라지 않았다. 그녀 자신도 네 살 때까지 앞을 보지 못했기 때문이다. 뭐니 뭐니 해도 그녀가 제일 두려워한 것은 헬렌이 지적장애아일지도 모른다는 생각이었다.

앤 설리번은 빈민구호소에서 지적장애아들과 함께 생활해본 적이 있었다. 그런 생각에 그녀는 두려움에 떨었다. 하지만 그녀에게는 승낙하는 수밖에 다른 도리가 없었다. 설리번이 홉킨스 부인에게 자신의 두려운 마음을 알리긴 했지만 은인인 그녀로서는 그게 무슨 의미인지 알 도리가 없었다. 소피아 홉킨스는 애니의 가난한 사정을 알고 있었지만, 자신이 직접 체험해서 이러한 가난을 알고 있는 것은 아니었다. 그녀는 애니를 걱정했고, 그녀를 이해할 줄 알았다. 하지만 애니가 느낀 수치심에 대해서는 아무것도 아는 바가 없었다.

튜크스베리의 빈민구호소는 보스턴에서 20마일밖에 떨어져 있지 않았다. 그곳은 악명이 자자한 곳이었다. 소피아 홉킨스는 그에 관해 들은 적이 있었으나 그 이상은 아니었다. 그곳은 그녀가 사는 세상과는 아무 관계가 없는 곳이었다. 애니는 그곳 사정에 대해 그녀에게 이야기해줄 시도조차 하지 않았다. 그것은 불가능한 일이었고, 할 수 없는 일이었다. 그녀는 수치심에 도저히 실상을 이야기할 수 없었다. 죽을 날이 가까워 왔을 때에야 비로소 그녀는 이러한 수치심을 글로 표현할 수 있었다. "가난에서 가장 나쁜 것은 수치심이다. 증오심에 사로잡혔다는 데에 대한 수치심, 자신이 완벽하게 만들어진 우주에 난 구멍이라는 사실에 대한 수치심 말이다."

소피아 홉킨스와 그녀의 어머니가 방학을 함께 보낸 어린 소녀에게 자신들이 그녀에게 자선을 베풀고 있음을 느끼게 하지 않았을지라도, 앤 설리번 자신은 이러한 사실을 느끼고 있었다. 자신이 바로 우주에 난 구멍이었던 그녀는 우주에 속하지 않았다.

그녀가 자신과 유사하다고 느낀 유일한 사람은 어느 늙은 은둔자였다. 한때 선원이었던 그 남자는 자기가 사는 곳에서 미치광이 취급을 받았다. 그는 해변의 한 동굴에서 홀로 근근이 살아가고 있었다.

홉킨스 부인은 그가 사는 만灣으로 가는 오솔길을 그녀에게 알려 주었다. 부인이 직접 그곳에 가본 적은 없었지만, 현지 사람들에게 서 들은 이야기를 그녀에게 들려줄 수 있었다. 그 동굴은 말할 수 없이 지저분하고, 그 남자는 위험하다는 것이다. 부인은 애니더러 그곳에 가지 말라고 했다. 그렇지만 애니는 그녀 말을 듣지 않았다. 지금까지 살면서 늘 자기 마음대로 해왔듯이 말이다.

애니가 그를 처음 보았을 때 그 남자는 벤치에 앉아 자고 있었다. 맨발에다 수염이 제멋대로 기다랗게 자라 있었다. 그는 애니에게 친절하게 대하지 않았다. 그는 사람들을 대하려고 하지 않았고, 그 가 계집이라고 부르는 여자들과는 도무지 마주 대하려고 하지 않 았다. 그럼에도 둘은 친구가 되었다. 두 명의 외톨이, 두 명의 은 둔자가 그들이었다. 그는 자신이 이 지역 출신으로 뱃사람이 되었 다는 사실 말고는 자신에 관해 거의 아무것도 이야기하지 않았다. 배에 관해서는 많은 이야기를 들려주었다. "배도 사람들처럼 자신 의 고유한 삶이 있지만, 인간들처럼 마구 떠벌릴 줄 모를 뿐이다." 라는 것이다.

그 남자는 여름에는 바닷가의 다 허물어져 가는 작은 헛간에서 잠 을 잤고, 겨울에는 다시 자신의 동굴로 들어갔다. 애니가 세 번째로 브류스터에 왔을 때에야 비로소 그는 자신의 동굴을 보여주었다. 그런데 막상 가보니 동굴은 그리 지저분하지 않았다.

둘이 서로 사이가 좋게 되어 그는 그녀를 자신의 딸이라고 불렀고, 그녀는 그를 아빠 선장이라고 불렀다. 이따금 그는 애니를 위해 비둘기들을 불러주었고, 구구 소리를 내며 갈매기를 유혹했다. 그러면 갈매기들이 와서 그의 어깨 위에 내려앉았고, 그의 발치를 총총걸음으로 돌아다녔다. 그녀는 잠자코 앉아 그가 먹이를 주는 모습을 지켜보았다. 그녀가 나중에 이야기하기를, 하도 많은 갈매기가 날아와서 그 수가 수천 마리는 되었을 거라고 했다.

그녀는 그 늙은 은둔자와 그의 갈매기에 관해 이야기하는 것을 좋아했다. 그렇지만 어린 시절 이야기와 빈민구호소에서 겪은 고난에 대해서는 입을 꼭 다물었다. 그녀는 헬렌과 무려 44년을 같이 생활한 후에야 그것을 털어놓았다. 앤 설리번이 죽고 난 후 헬렌 켈러는 선생님을 다룬 《선생님: 앤 설리번 메이시》라는 책에서 이렇게 적고 있다. "전에, 내가 선생님 삶의 이 부분에 대해 많이 알지 못했을 때, 나는 가끔 선생님의 독특한 몇 가지 성격을 접하고 혼자 태연한 척하면서도 혼란스러운 느낌을 받았다. 나는 결코 선생님의 삶에 숨겨진 이러한 비밀을 캐내려고 시도하지 않았다. 그럼에도 서먹한 느낌이 들지 않은 것은 아니었다. 말로 표현하기에는 너무 복잡 미묘하지만 우리 관계에는 무언가가 결여된 게 있었다."

이들은 서로에게 가장 중요한 사람들이었지만, 애니는 결코 자신의 숨겨진 과거를 이야기하는 법이 없었다. 그 모든 일이 마치 자기 탓이라도 되는 듯 수치심이 너무 깊이 뿌리 박혀 있었다.

헬렌이 선생님에게 자신의 삶에 대해 써보라고 설득했을 때, 둘은 이미 30년 동안 함께 살고 있었다. "선생님께서 이 책을 쓰신다면 나는 처음으로 선생님을 정말로 알게 될 것임을 확신합니다. 이 말이 이상하게 들리지요. 하지만 사실이 그렇습니다. 선생님의 개인사를 다루는 책에 내게 털어놓지 않는 장幕이 있다는 사실을 나는 언제나 분명히 느꼈습니다."

이런 일이 있고 난 뒤에도 또 다시 10년 이상의 세월이 흘러갔다. 그러다가 마침내 애니는 자신의 자서전을 내는 데 동의하고, 여류작가 넬라 브래디에게 자신의 어린 시절과 젊은 시절에 대해 털어놓았다. 그녀는 일평생 동안 '그 일이 드러나는 것'을 두려워하고 있었다. 마치 자신의 어린 시절이 자기가 저지른 범죄라도 되는 양 말이다.

헬렌이 자신에 관한 책을 읽을지도 모른다. 그래서 그녀는 이 사실을 헬렌에게 이야기하지 않을 수 없었다. 그녀는 하녀를 외출시키고, 개를 구석으로 내몰았다. "그런 다음 우리는 나란히 마주 앉았다. 그리고 자신의 어린 시절과 소녀 시절에 벌어진 끔찍한 드라마를 나의 손바닥에 털어놓기 시작했다."*

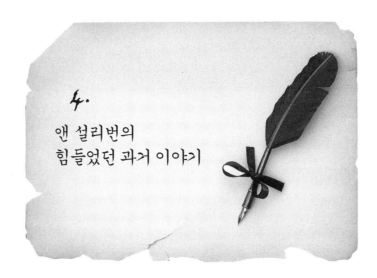

4.
앤 설리번의
힘들었던 과거 이야기

앤 설리번은 1866년 매사추세츠 주의 피딩 힐스라는 마을에서 태어났다. 그녀의 부모 토머스 설리번과 엘리스는 라이머릭 출신의 아일랜드 이주민이었다.[20] 토머스 설리번의 형인 존이 이들에게 배

---

20) 아일랜드는 1169년부터 1922년 독립할 때까지 무려 750년 이상 영국의 식민지배를 받았다. 1845년에서 1852년 사이 대영제국의 빅토리아 여왕이 의도적으로 일으킨 대기근으로 당시 인구의 1/4에 해당하는 100만 명이 굶어 죽고 100만 명이 미국으로 이주하였다. 기근의 원인은 감자의 역병으로 널리 알려졌으나, 직접적인 원인은 영국인 지주들의 착취였다. 당시 아일랜드에는 밀과 옥수수 등 각종 곡식이 많이 자랐으나 수확하는 대로 영국으로 가져가서 아일랜드인은 먹을 것이 없었다. 결국 그들에게는 주식이었기에 광범위하게 재배되었던 감자만이 조금 남아 있었으나 감자 역병이 발생해 많은 아일랜드인이 사망하게 된 것이다. 지주들이 먹을 것조차 없는 아일랜드 소작인에게 소작료를 요구한 것도 아일랜드인이 대기근 기간 동안 굶주린 이유 중 하나이다. 대기근 이후에도 아일랜드인의 해외 이주는 계속 증가하였다. 1900년대 중반까지 아일랜드 인구는 계속 감소하여 결과적으로 800만 명에서 절반으로 줄어든다. 과거에 아일랜드인은 백인 가운데서 멸시당하는 인종이었다. 그래서 아일랜드인은 붉은 머리에 주근깨인 데다가 술고래이고, 게으르고 불결하고, 번식력이 높고,

를 타고 바다를 건너갈 비용을 보내주었다. 그는 다른 형제들과 함께 이미 피딩 힐스에 살면서 일하고 있었다.

이때는 수백만 명의 아일랜드인이 어쩔 수 없이 살길을 찾아 미국으로 이주하던 시기였다. 이들 모두는 일하고 먹고 더 나은 삶을 영위할 수 있기를 희망했다. 거의 모두는 교육을 받지 못했고, 앤 설리번의 부모도 그랬지만 많은 사람은 글을 읽고 쓸 줄 몰랐다. 사람들 대부분은 뉴잉글랜드에서 근근이 살아가고 있었다. 이곳에 산 지 비교적 오래된 토착민들은 이들을 게으르고 싸우기 좋아하는 상놈들이라 생각했다. 사람들은 이들을 값싼 노동력으로 이용하면서, 그밖에는 이들과 상종하려 들지 않았다.

애니는 이들의 장녀로 태어났다. 그녀 어머니는 아직 거의 철부지 어린애나 다름없었고, 그녀 아버지는 술꾼이었다.

애니가 약 두 살 되던 해에 여동생 엘렌이 태어났다. 그 무렵 그녀의 어머니가 화덕에 넘어졌을 때 난로의 연통이 벽에서 튀어나왔고, 화덕이 어머니를 덮쳤다. 애니는 후에 이런 이야기를 듣게 되었다. 애니는 자신의 어머니가 '간단히 그렇게' 화덕에 넘어진 것에 의구심을 품었음에도 자신의 전기 작가에게 그냥 그렇게 들려주었

천성이 폭력적이라 허구한 날 싸움박질이나 하고, 감자를 많이 먹는다는 편견에 시달렸다. 하지만 아일랜드인은 예술 분야, 특히 문학 분야에서는 노벨문학상 수상자(버나드 쇼, 윌리엄 예이츠, 새뮤얼 베케트, 셰이머스 히니)가 네 명이나 나왔을 정도로 우수한 것으로 정평이 나 있다.

다. 자신의 아버지인 토머스 설리번이 어머니를 마구 때리자, 그 와 중에 어머니가 화덕에 쾅당 넘어지는 바람에 그것이 뒤집히게 되었을 가능성이 농후했음에도 말이다. 이때부터 그녀의 어머니는 목발에 의지해서만 겨우 걸어 다닐 수 있었고, 더 이상 가정을 돌볼 수 없게 되었다. 게다가 설상가상으로 결핵까지 앓았다. 애니의 기억으로는 어머니는 대체로 침대에 누워 있거나, 베개를 괸 채 창백하고 여위고 피곤한 모습으로 안락의자에 앉아 있었다.

애니가 채 네 살도 되지 않아 셋째 동생 지미가 태어난다. 지미는 좌골 결핵을 앓은 후 목발을 짚고 겨우 걸을 수 있었다. 그다음에 넷째 동생 메리가 태어난다. 메리는 건강하고 예쁘며, 늘 말을 안 듣고 발작적 파괴욕을 지닌 애니와는 영 딴판으로 온순했다. 아버지는 애니의 몸속에 악마가 있다면서 딸을 반쯤 죽도록 두들겨 팬다. 어머니는 그녀를 도와 아버지로부터 몸을 숨겨준다.

애니가 막 일곱 살이 되었을 때 여동생 앨렌이 죽고, 그 직후 그녀 어머니는 또 남자아이를 낳지만, 그 아이는 생후 두 달 만에 숨을 거두고 만다. 아버지가 조그만 관을 들고 가는 모습을 보고 애니의 마음이 홀가분해진다. 그 젖먹이 동생은 겨우 두 달 동안 이 세상에 살면서 계속 울고 보채기만 했다.

이로부터 약 반년이 지난 후 그녀의 어머니가 세상을 떠났다. 애니는 그때까지 어머니 품에 안겨본 기억이 나지 않는다. 그때까지 그녀는 누구의 품에도 안겨본 적이 없었다. 어머니의 시신은 관에 안치되고, 애니의 형제들은 하염없이 울기만 한다. 그녀는 모든 것으로부터 단절되어 있고, 아무런 감정도 느끼지 못한다. 그녀 기억에는 어머니에 대한 감정이 아무것도 없으며, 오로지 어떤 영상들만 남아 있을 뿐이다.

애니의 눈을 양아욱 즙으로 헹구기 위해 창 앞에 꽃피어 있는 양아욱 잎사귀를 뜯는 어머니의 여윈 손이 기억에 남아 있다. 애니가 눈병에 걸리자 한 이웃 여자가 양아욱 즙으로 눈을 씻어보라고 어머니에게 일러주었기 때문이다. 어머니에게는 딸의 눈을 치료하기 위해 병원에 갈 돈이 없었다. 그래서 애니가 가난으로 생기는 병에 걸렸으며, 치료하지 않으면 눈이 멀게 되는 인 트라코마[21]에 걸렸다는 사실도 어머니는 알 턱이 없었다.

그때는 장례를 치를 돈도 없었다. 그래서 애니는 나중에 어머니가 어디에 묻혔는지도 알지 못했다. 어머니의 이름을 적은 돌멩이나 그 밖의 아무것도 없었다. 존 삼촌이 어린 두 동생을 떠맡았고, 애니는 아버지와 같이 살았다. 애니는 아버지가 가계를 꾸려나가도록 도와주었다.

여덟 살이 되었을 때 그녀는 앞을 못 보게 되었다. 아버지는 샤논 한 방울만 눈에 떨어뜨리면 눈이 나을 거라고 애니에게 말했다. 애니는 아버지가 들려주는 요정이나 난쟁이들 이야기를 믿었듯이 아

---

21) 전염성 결막염.

버지의 이 말을 믿었다. 난쟁이들은 아버지가 아기일 때 그를 자루에 담아 납치했고, 어머니의 소를 훔쳤었다. 그리고 어머니가 이들을 위해 돼지 요리를 해준 후에야 암소를 되돌려 주었다. 애니의 아버지는 이 모든 이야기를 애니에게 무척 진지하게 들려주었다. 그 자신이 어렸을 때 그의 아버지가 언젠가 멀리 아일랜드에서 자기에게 이야기해줄 때처럼 말이다. 그러다가 영국 이야기를 하게 되었을 때 자신의 조상을 대단히 미워하는 심정으로 아버지는 이 같은 이야기를 들려주기도 했다.

언젠가 아버지가 어떤 친척들에게 갔고, 애니는 아버지의 어느 사촌과 그의 부인 아나스타시아에 의해 키워지게 되었다. 이 친척 부부에게도 몇 명의 자녀가 있었지만 이들은 비교적 부유한 편이었다. 이들의 아이들은 학교에 다녔지만, 애니는 앞을 볼 수 없었으므로 집에 있어야만 했다. 애니는 질서가 잘 잡힌 아나스타시아의 집에 맞지 않았다. 그녀는 자제력이 없었고, 거친 데다 반항적이었으며 사랑스러운 아이가 아니었다. 길들여지지 않는 그녀는 두려움의 대상이 되었다. 애니는 늘 혼자였고, 그녀를 보호해줄 사람이 아무도 없었다. 한번은 아나스타시아가 자신에 대해 이렇게 말하는 것을 들은 적이 있었다. "애니는 형편없이 키워졌어. 들판의 망아지보다 못해."

어느 임대 마차가 집 앞에 서 있다. 애니는 아홉 살이 되고, 남동생 지미는 다섯 살이 되던 해였다. 아나스타시아는 그 마차가 애니와 지미를 스프링필드로 데리고 갈 거라고 말한다. 거기서 이들은 기차를 타고 계속 갈 거라고 한다. 애니는 무언가 일이 잘못되고 있다는 느낌을 받았으나, 그것이 딱히 무엇인지는 알지 못했다.

아나스타시아는 눈물을 흘린다. 그녀는 앞치마로 눈물을 훔치고 애니를 품에 안으며 입맞춤을 하려고 한다. 지금껏 해보지 않은 경험이라 애니는 이를 뿌리친다. 아나스타시아는 눈물을 그치고 이렇게 말한다. "너는 죽는 순간에나 착하게 될지 모르겠구나."

여동생 메리도 작별을 고하기 위해 그 자리에 와 있다. 애니의 여동생은 한 숙모가 키우고 있었다. 말을 잘 듣는 메리는 매우 예쁜 아이이다. 이마에 난 커다란 흉터 말고는 그 아이에게서 보기 싫은 구석이라곤 하나도 없다. 그 흉터가 생긴 것도 바로 애니 탓이었다. 메리가 아기였을 때 애니가 무슨 일로 화가 단단히 나서 아기를 심하게 흔드는 바람에 요람에서 멀리 퉁겨 나가게 되었다. 그리고 그때는 아기를 받을 어머니가 그 자리에 없었다.

존과 아나스타시아 설리번은 애니와 허리에 혹이 점점 커지는 지미를 빈민구호소[22]로 보내버렸다.

---

22) 두 남매가 들어간 빈민구호소는 오갈 데 없는 가장 가난한 사람들이 사는 곳이었다. 둘은 첫날 밤을 시체보관실 옆 한구석을 막아놓은 방에서 보냈다.

매사추세츠 주의 빈민구호소는 튜크스베리라는 마을에 있었고, 반쯤 무너져 내린 몇 개의 건물로 이루어져 있었다. 그곳에 사는 사람들은 양동이에다 용변을 보아야 했고, 말할 수 없이 궁핍하게 살아갔으며, 하나같이 빈궁한 티가 철철 넘쳤다.

두 아이는 병들고, 미치고, 죽어가는 늙은 여자들과 같은 방에서 살았다. 남동생 지미는 이곳에 온 지 두 달 만에 숨을 거두고 말았다.[23] 그런 후 애니는 자신이 '이 세상에서 천애天涯 고아'라는 생각이 들었다. 50년이 지난 후에도 야전 침대의 금속이 방바닥을 굴러가는 소리가 그녀의 귀에 쟁쟁했다. 이는 사람이 죽으면 방에서 영안실로 쓰이는 판자 칸막이 창고로 시체를 밀고 갈 때 나는 소리였다. 지미는 아직 살아 있을 때 들쥐나 좀날개바퀴하고 놀았다. 그는 신문을 둘둘 말아 들쥐를 약 올렸고, 쥐가 찍찍거리면 마냥 좋아했다.

한번은 아버지가 존 삼촌과 함께 와서 애니와 지미에게 달콤한 과자를 가져다준 적이 있다. 둘이 시카고로 가는 길에 들른 것이다. 이것을 마지막으로 애니는 아버지를 다시는 보지 못했다. 그리고 가족 중에서 누군가 그녀를 걱정해준 경우가 이것으로 마지막이었다.

어느 예수회 소속 신부의 보살핌으로 애니는 눈 수술을 할 수 있었다. 수술했다고 눈이 더 잘 보이지는 않았지만, 그녀는 '바깥에

---

23) 애니는 불쌍한 동생이 죽자 자신도 따라서 죽고 싶은 생각을 한다.

서', 튜크스베리의 성벽 저 바깥쪽에서 살게 되었다. 수술이 끝나고 빈민구호소에 되돌아온 후에는 병원에 입원하지 않고 좀 더 젊은 여자들과 함께 있게 되었는데, 이들 중엔 채 열두 살이 안 된 몇몇 여자아이들도 있었다. 많은 여자가 임신하고 있었고, 단지 아이를 낳기 위해 그곳에 있었던 것이다. 그러나 아기들은 대체로 며칠 또는 몇 주를 넘기지 못하고 저세상으로 가는 일이 비일비재했다. 많은 아이는 결핵에 걸렸고, 몇몇은 정신 이상이었다.

너무도 쉽게 미쳐버린 넬라라는 이름의 소녀가 있었는데, 그녀는 애니에게 책을 읽어준 최초의 사람이었다. 넬라 자신은 책에 관심이 없는 아이였다. 나중에 애니가 회상한 바에 따르면 그녀의 읽기 능력은 형편없었고, 어떤 문단은 깡그리 빼먹기도 했다. 그녀가 책을 읽어준 이유는 자신의 도주를 애니가 도와주겠다고 약속했기 때문이다. 하지만 애니가 곧 행정 부서 건물의 조그만 도서관에서 직접 가지고 온 책들이 그녀에게는 하나의 계시가 되었다. 아직은 글을 읽을 수 없어 다른 사람에게 읽어달라고 하지만, 이제 그녀에게는 하나의 목표가 생긴 것이다. 애니는 학교에 가서 글을 읽고 쓰는 법을 배우고 싶었다. 앞을 못 보는 한 늙은 여자가 맹아학교가 있다는 이야기를 그녀에게 들려주었기 때문이다. 그래서 그곳으로 가서 공부하고 싶다는 마음을 품게 된 것이다.

애니가 튜크스베리에 온 지 4년이 되었다. 어느 조사위원회가 빈민구호소의 실상을 알기 위해 시찰하러 올 거라는 이야기가 그곳 사람들 사이에 떠돌았다. 매사추세츠 주 복지위원회 위원장인 프랭크 샌본이 위원회를 이끌고 있었다. 애니는 그에게 말을 걸어, 자신을 학교에 다니게 해달라고 부탁하려 했다. 하지만 그녀는 이 건물 저 건물, 이 방 저 방으로 돌아다니는 남자들 중에서 누가 샌본 씨인지 알지 못했다. 그녀에게는 희미한 영상밖에 보이지 않아서 어떤 것이 샌본 씨의 목소리인지 알지 못했다. 그래서 애니는 사람들 뒤를 졸졸 따라다니며, 그들이 나누는 대화에 귀를 쫑긋 기울였다. 그렇지만 감히 자기에게 주의를 기울이게 하지는 못했다.

남자들은 벌써 다시 성문에 이르렀고, 애니가 절망적인 심정으로 용기를 내어 이들에게 달려갔을 때는 막 떠나려는 참이었다. 여전히 누가 샌본 씨인지 알지 못하면서 애니는 이렇게 말했다. "샌본 씨, 샌본 씨, 전 학교에 가고 싶어요!"

나중에 한 여자가 다가와서 자신을 학교에 보내주겠다고 말할 때까지 그녀는 시간이 얼마나 흘렀는지 기억할 수 없다. 그 여자는 자기가 가지고 온 옷 보따리가 있는 방으로 애니를 데리고 갔다. 낡은 숄, 조그만 속옷, 신발 몇 켤레. 이 모든 것은 작아 이미 애니의 몸에는 맞지 않았다. 벌써 그녀는 학교에 가지 못할까 봐 겁부터 덜컥 났다. 그리고 무명옷 두 개를 선물 받은 것에 대해 감사의 뜻을 표시했다. 늙었을 때까지 그녀는 그 옷들이 하나는 붉은색으로, 다른 하나는 푸른색으로 검게 꽃장식이 되어 있었음을 기억하고 있었다.

이때부터 옷은 그녀의 삶에서 커다란 역할을 하게 된다. 그녀는 늘 멋진 옷으로 자신을 치장하고 싶어했다.

　복지위원회 위원 중의 한 사람이 애니를 보스턴으로 데리고 갔다. 기차 안에서 어떤 다정한 부인이 애니에게 다가와 어디서 와서 어디로 가는지 물어보았다. 애니로서는 빈민구호소에서 왔다는 말을 하느니 차라리 죽어버리는 게 나았을지도 모른다. 다행히 복지위원회에서 온 남자가 애니 대신 답변을 해주었다.

　애니는 차마 고개를 들 수 없을 정도로 부끄러웠다. 그리고 그 부인이 자신의 머리를 쓰다듬으며, "쯧쯧, 불쌍한 것 같으니라구." 하면서 사과 한 개와 버터 바른 빵을 건네줄 때는 더욱 부끄러워서 쥐구멍에라도 들어가고 싶은 심정이었다. "이 순간 나 자신의 모습이 얼마나 볼품없을까 하고 의식되었다. 내 생각으로는 내가 입고 있는 무명옷이 부인의 동정심을 불러일으켰음이 분명했다. 처음에 그 옷을 입고 나는 자신이 멋지다고 생각했다. 나는 무릎까지 내려오는 질이 형편없고, 색이 바래지 않은 셔츠를 입은 나의 모습을 볼 수 없었기 때문에 그저 기뻐할 따름이었다. 나는 검은색 양말과 내게 너무 작은 볼품없는 신발을 신고 있었다. 신발은 검은색으로 반짝반짝 빛나고 있었고, 양쪽에 단추가 달려 있었다. 나는 좌석 밑으로 신발을 감추려고 했다. 그 부인은 깃 달린 모자를 쓰고 있었다. 내게는 모자와 걸치는 옷이 없었고, 창피스럽게도 계속 바닥에 떨어지곤 하는 무명 솔밖에 없었다. 그 부인이 나를 동정할 때 비로소 내 옷이 얼마나 형편없는지 의식하게 되었다."

  앤 설리번이 퍼킨스 맹아학교에 도착했을 때 헬렌 켈러는 태어난 지 두 달이 된다. 앞으로 그녀의 선생님이 될 설리번의 나이는 열넷이다. 그때까지 애니는 읽고 쓸 줄 모르며 자신이 태어난 생일조차 알지 못한다. 그녀의 전 재산이라곤 두 개의 무명옷과 두 개의 속옷뿐이다. 게다가 그녀에게는 칫솔도 잠옷도 없다.

  학교에 도착한 뒤 그녀는 난생처음 잠옷을 입고 잠을 잔다. 여사감이 동료 여학생으로부터 잠옷을 빌려준 것이다.

  애니의 동료 여학생들은 유복한 가정 출신이었다. 이들의 아버지 직업은 목사나 선생님, 치과의사나 약사였다. 이들과 그녀 사이에는 아무런 접점도 존재하지 않았다. 그녀는 과거 어느 때보다 더 외로움을 느끼게 된다. 빈민구호소에서는 다들 자신과 처지가 비슷했고, 거기서 그녀는 수많은 내쫓긴 사람들 가운데 한 명의 내쫓긴 아이에 불과했다. 지금은 앞을 보지 못한다는 사실을 제외하고는 함께 사는 소녀들과 하나도 공통점이 없다. 다른 소녀들은 읽고 쓰고 셈할 수 있으며 돗자리를 짤 줄 아는 반면, 애니는 이런 일을 하나도 할 줄 모른다. 아주 간단한 일조차도 할 줄 모르는 그녀가 무슨 일을 잘못하면 학급 소녀들은 교실이 떠나가라 박장대소를 한다. 그리고 선생님도 따라 웃는다. 애니는 늙어서 이렇게 말한다. "오랜 세월이 흘러도 이때 받은 상처가 아물지 않았습니다."

그녀가 지금껏 배운 것이 죄다 의문시된다. 어느 것도 통용되는 것이 없다. 그녀는 전에 가톨릭 신자들하고 살았는데, 학교의 소녀들은 신교도들이다. 그리고 이들은 가톨릭 신자, 특히 아일랜드인을 깔보며 무시한다. 그녀는 식사 때에 어떻게 행동해야 하는지 알지 못하며, 그녀의 에티켓은 거칠고 무례하다. 그녀의 말은 그녀가 슬럼가 출신임을 금방 알게 해준다. 그녀는 빨리 배움에도 불구하고 여전히 외톨이로 남는다. 다른 소녀들은 자신들이 애니보다 우월하다고 느끼고, 그녀는 자신이 그 소녀들보다 우월하다고 느낀다. 언제나 그랬듯이 그녀는 자신에게 이의를 제기하고 반항하면서 살아간다. 그녀는 반항하는 데 익숙해져 있고, 어릴 때부터 이를 배워왔다. 때때로 그녀는 '침울한 기분'에 빠지곤 한다. 오늘날 우리가 알고 있는 지식으로 말하자면 그녀는 우울증을 앓고 있었던 셈이다.

퍼킨스 학교에서 처음 맞은 여름방학을 그녀는 어느 동료 여학생 집에서 보냈다. 두 번째 여름에는 맹아학교의 누군가가 보스턴의 한 여관에서 가벼운 일을 하도록 주선해 주었다. 그녀에게 가끔 신문을 읽어준 한 젊은 손님이 병원에서 눈 수술을 하도록 그녀에게 배려해 주었다. 퍼킨스 맹아학교에서는 수술하면 혹 도움이 될지도 모른다는 생각을 하는 사람이 아무도 없었다. 맹아학교에 오는 학생들은 보통 이곳으로 오기 전에 가능한 모든 일을 해본 아이들이었기 때문이다.

　일 년 후, 두 번 수술하고 규칙적으로 치료한 후 앤 설리번은 드디어 세상의 빛을 보게 되었다. 열여섯 살이 되었을 때 그녀는 처음으로 강이며 집의 창들, 보스턴의 집들을 구성하는 벽돌을 보았다. 지금까지 흐릿한 윤곽으로만 보았던 모든 것을 두 눈으로 또렷이 볼 수 있게 되었다. 그리고 난생처음 글을 읽게 되었다. 물에 빠진 사람이 지푸라기라도 잡는 심정으로, 마치 생사가 걸린 문제이기라도 하듯 눈은 전혀 신경 쓰지 않고 그녀는 책을 읽고 또 읽었다. 그녀는 가로등 불빛으로 책을 읽었고, 책을 창밖으로 내밀고 읽고 또 읽었다. 점자책은 더 이상 손으로 더듬지 않고 두 눈으로 읽었다. 그녀는 자신을 보살피는 법은 결코 배운 적이 없었다. 지금까지 그녀는 아무의 보살핌도 받은 적이 없었다. 그래서 나중에 그녀는 켈러를 너무 가혹하고 무자비하게 다룬다는 비난을 받기도 한다.

　그녀는 이제 신문도 직접 읽을 수 있게 되었다. 퍼킨스 맹아학교에서는 뉴잉글랜드 지역의 어린 소녀에게 적합하다고 여겨지는 신문 기사를 골라서 그녀에게 읽어주었다. 어느 날인가 애니는 신문을 보다가 튜크스베리 빈민구호소의 실정을 법적으로 조사하고 있다는 기사를 읽게 되었다. 샌본 씨가 이끄는 조사위원회가 그곳을 방문한 지 2년 후의 일이었다. 청문회는 보스턴에서 열렸다. 애니는 그곳에 가는 것을 허락해달라고 학교 당국에 요청했다. 그녀는 학교의 허락을 받지 못했지만 그곳으로 갔다. 어쩌면 옛날에 그곳에서 알던 사람을 만나고 싶은 생각 때문이었을지도 모른다. 옛날 세계, 그녀가 치를 떨었던 그 빈민구호소. 그녀는 결국은 다시 그곳으로 돌아가야 할지도 모른다는 불안감에 오랫동안 시달렸다. 하지만 그곳의 소녀들과 여자들은 학교의 동료 여학생들과는 달리 그녀에게 친숙했다. 학교에서 애니는 언제나 외톨이었다.

애니가 퍼킨스 맹아학교에 온 지 2년 후 소피아 홉킨스가 그녀의 여사감이 되었다. 홉킨스 부인은 애니를 이해하고, 애너그노스가 그녀를 퇴학시키려고 할 때 그녀를 구해주려고 헌신적으로 노력했다. 그가 못 가게 했는데도 애니가 부득부득 청문회에 참가한 때문이었다. 홉킨스 부인은 여름방학이면 그녀를 데리고 케이프 코드로 갔다. 그리고 졸업식 때는 자신이 옛날 소녀 시절에 입었던 예복을 애니에게 선물했다. 그녀는 가족이 있는 다른 모든 소녀보다 애니에게 그 옷이 절실히 필요하다는 것을 알았다. 그리고 살아 있었더라면 자신의 딸 플로렌스가 애니와 나이가 같았을 거라는 사실이 혹 이에 일조했을지도 모른다. 홉킨스의 딸 플로렌스는 애니가 빈민구호소를 떠났을 때 세상을 떠났던 것이다.*

5.
영혼이란 무엇인가

앤 설리번이 헬렌 켈러의 가정교사로 들어왔을 때 로라 브리지먼의 나이는 쉰여섯이었다. 애니는 그녀와 한집에서 살아서, 로라가 어떻게 교육받았는지 소상하게 알고 있었다. 애니는 켈러를 가르치는 일을 준비하기 위해 이러한 내용을 연구하려고 했다. 그녀가 지금까지 이를 위해 유일하게 가져온 것이라곤 로라와 대화를 하기 위해 모든 소녀처럼 집에서 배운 손가락 문자의 지식밖에 없었다.

여름방학이 끝나자 애니는 소피아 홉킨스와 함께 퍼킨스 맹아학교로 되돌아갔다. 때는 1886년 9월로 로라가 처음으로 교육받은 지 50년째 되는 해였다. 그녀를 따라서 귀먹고 눈먼 다른 어린이들도 교육을 받았지만, 그들 중 언어를 발견한 아이는 아무도 없었다. 로라는 이러한 역경을 극복한 유일한 아이였다. 그녀는 새뮤얼 하우 교장뿐만 아니라 각기 특별한 교양과 경험을 지니고 있었던 네 명의 다른 선생님들로부터 교육을 받았다.

그리고 여기에는 자신도 6년 전에야 비로소 읽고 쓰는 법을 배웠고, 멀리 앨라배마에서 전적으로 스스로의 힘으로 살아가야 하는 스무 살 난 소녀 애니도 있었다. 그녀가 로라의 선생님들보다 나은 점이라곤 앞을 못 본다는 사실이 무엇을 뜻하는지 알고 있다는 점뿐이었다. 퍼킨스 맹아학교를 이끌던 시절 새뮤얼 하우 교장은 며칠 동안 눈을 가리고 돌아다녀 보기도 했다. 학생들이 느끼는 감정을 스스로 느껴보기 위해서였다. 나중에 로라 브리지먼을 교육하는 데 성공한 후 그는 이런 글을 썼다. "그 아이는 깊고 어두운 동굴 안에서 혼자 어찌할 바 모르고 있는 사람 같았다. 나는 밧줄을 내려주어 아이 위에 흔들거리며 매달려 있게 했다. 그 아이가 이를 발견하고 붙잡아, 낮과 인간 사회의 빛으로 올라오도록 도와주기 위해서 말이다."

하우가 로라에게 드리워준 밧줄은 작은 이름표에 튀어나온 철자가 적힌 단어들로 이루어져 있었다. 작은 이름표들은 이를테면 숟가락이나 물잔과 같은, 로라가 알고 있는 어떤 물체에 붙어 있었다. 로라는 사람들이 왜 이런 일을 하는지 알고 있었다. 그런 다음 이름표와 물체가 떨어지면 로라는 서로 맞는 짝을 찾아야 했다. 사람들이 그 아이의 손을 잡고 원하는 바를 알려주면 아이는 이를 이해했다. 그리고 그 아이는 대체로 문제를 올바로 해결했다. 이는 그 아이가 무엇이 중요한 문제인지 이해해서가 아니라 기억력이 좋고 각별한 모방 충동을 지녔기 때문이었다. 이에 대해 하우는 "제법 영리한 개에게 몇 가지 재주를 가르쳐준 것과 같았다."라고 썼다.

공교롭게도 열쇠와 함께 깨달음을 얻게 되었다는 사실이 어쩌면 우연이 아니었을지도 모른다. 하우는 로라가 열쇠와 '열쇠'라는 단어가 적힌 이름표를 더듬으면서 그녀의 얼굴이 환하게 빛나는 것을 보았다. 그 순간 그녀는 열쇠라는 단어가 그 물체를 의미하고 있음을 알아차렸다. 그 순간 그녀의 마음속에 언어의 세계가 열리게 된 것이다. 하우가 말하기를 "언어란 오른손보다, 심지어 눈에 들어오는 빛보다 정신에 더 많은 의미를 지니고 있다."고 한다.

애니는 서서히 앞으로 나아갈 뿐이었다. 너무 많은 글을 읽을 때면 눈이 아파 왔다. 그래서 자꾸만 쉬었다가 읽지 않을 수 없었다.

다섯 명의 선생님은 로라를 가르치며 자신이 한 일을 모두 기록했다. 로라를 가르칠 때면 모두 종이와 펜을 꼭 옆에 두었다. 그래서 그 아이는 "깊고 어두운 동굴 안에 갇혀 있는 사람"일 뿐만 아니라 연구 대상이기도 했다. 그 아이는 자신을 도와주는 사람들이 호기심을 가지고 자신을 관찰한다는 사실을 느꼈을 것이다. 앤 설리번은 이런 글을 읽으면서 자기는 이와 다르게 하리라고 마음먹었다. 그녀는 개척자의 일을 하는 학자가 아니었다. 그리고 자기는 로라에게 먼저 명사를 가르치고, 그런 다음 간단한 동사, 형용사를 가르친 후 단어의 뜻을 일일이 설명해준 하우나 그의 동료들과 같은 방법을 쓰지 않으리란 것도 이미 예감하고 있었다.

애니는 하우 박사가 로라에게 가르친 기록물을 꼼꼼히 읽는 데 반년의 세월이 걸렸다. 지금까지 로라는 그녀에게 경건한 척하는 중년의 여자, 방안의 창가에서 안대로 눈을 가리고 손일을 하는 조용한 인물이었다. 이제 애니는 로라의 어릴 적 시절과 대면하게 되었다. 어린 로라는 영혼이 무엇인지 알려고 했다. 하우는 로라에게 "영혼이란 생각하고, 느끼고, 희망하고, 사랑하는 것"이라고 말해주었다. 그러자 그 아이는 이에 "영혼이란 아픔을 주는 것"이라고 덧붙였다. 그리고 말馬들의 영혼이 어디로 가는지 알려고 했다. 사람들은 말이랑 고양이랑 파리에겐 영혼이 없다고 말해주었다. 하나님이 영혼을 볼 수 있는지 그 아이가 묻자 사람들은 그럴 수 있다고 대답했고, 그 아이는 또 하나님이 울 수 있는지 알고자 했다.

열세 살의 로라는 또한 젊은 청교도주의자가 되어 이미 죄의식을 느꼈지만 그래도 뻔질나게 질문을 제기했음을 애니는 알게 되었다. "내가 사악했다면 하나님에게 무슨 말을 할 수 있을까? 내가 못된 것에 하나님이 마음 아파하신다면 나를 용서하고 착한 생각을 보내줄까? 못된 사람들은 그를 사랑하는데 왜 하나님은 못된 사람들을 사랑하지 않는 걸까?"

애니가 속속들이 알고 있는 로라는 이미 진작부터 질문하는 것을 그만두었다. 하지만 로라는 맹아학교의 여학생들이 헬렌을 위해 공동으로 사준 인형의 옷을 꿰매 주었다. 이는 보스턴의 퍼킨스 맹아학교 소녀들이 앨라배마에 있는 맹인 소녀를 위해 준비한 선물이었다.＊

6.
떼쟁이 소녀 길들이기

헬렌의 집으로 여행을 떠나기 며칠 전 애니는 또 한 번 눈 수술을 했다. 그런 다음 그녀는 소피아 홉킨스와 함께 차표를 샀다. 이들은 여행을 해보지 않아 남쪽으로 가는 직행 노선이 있다는 사실을 알지 못했다. 그 결과 애니는 3일 동안 이리저리 사방을 헤매면서 네 번이나 기차를 갈아타야만 했다. 차표 값은 애너그노스 씨가 그녀에게 빌려주었다. 그녀는 봉급을 받으면 갚겠다고 약속했다. 당시 형편으로 볼 때 한 달 봉급이 25달러면 꽤 괜찮은 액수일 것이다.

그녀가 출발했을 때 보스턴에는 눈이 쌓여 있었다. 때는 1887년 3월 1일이었다. 그녀는 기차를 타고 천 마일[24] 넘게 달려왔다. 갑

---

24) 1마일은 대략 1.6km. 급행열차를 타면 하루 만에 왔을 텐데 실수로 완행 차표를 끊는 바람에

자기 혼자가 된 그녀는 책을 읽을 수 없었다. 그래서 혼자 곰곰 생각할 시간이 많았다. 그리고 헬렌이 지적장애아이거나, 혹은 추하게 생겼을지도 모른다는 불안감이 밀려왔다. 애니는 두 가지 경우 다 참을 수 없다고 생각했다. 그녀는 어쩌면 한동안 로라를 가르친 파도크Paddock 선생에 대해 읽은 것을 기억에 떠올렸을지도 모른다. 미혼인 파도크 선생은 교장한테 가서 끔찍한 침묵을 더는 참을 수 없다고 선언했다. 애니가 절망적인 심정으로 꺼이꺼이 울자 차장이 와서 가족 중에 누가 죽었는지 물어보았다.

남쪽으로 갈수록 흑인들의 모습이 더 많이 보였다. 흑인들은 기차 안에서 돌아다니며 달콤한 과자나 팝콘을 팔고 있었다. 남쪽으로 내려갈수록 날씨가 점점 더 따뜻해졌다. 앨라배마는 봄이라서 겨울옷을 입은 애니는 땀을 흘려야 했다.

여행을 떠난 지 3일째 되는 날 저녁에 이윽고 애니는 터스컴비아에 도착했다. 그녀는 여느 때와는 달리 망연자실한 기분이었다. "하지만, 내가 이곳에 온 게 마음 아픈 일은 아니었어요. 내가 마음속으로 느낀 외로움은 내게 오래전부터 익숙한 것이니까요. 나는 평생 외로웠어요."라고 그녀는 홉킨스 부인에게 썼다.

플랫폼에는 켈러 대위의 장남 제임스가 나와 있었다. 켈러 대위의 첫째 부인에게서 난 그는 애니와 동갑이었다. 그가 남국인 특유

헬렌 집에 오는 데 3일이나 걸렸다.

의 노래하는 말투로 자기의 이름을 말했을 뿐인데도 애니는 순간 둘이 친구가 되지 못할 거라고 직감했다.

켈러 부인은 마차에서 기다리고 있었다. 애니는 부인의 나이가 너무 젊어 보여 놀라워했다. 자기보다 별로 나이가 들어 보이지 않았기 때문이다. 부인은 애니를 다정하고도 우아하게 맞아주었다.

마차는 소도시를 통과해, 양쪽에 과일나무들이 꽃 피어 서 있는 비포장도로를 거쳐, 막 씨를 뿌린 들판을 지나갔다. 켈러 부인은 마침내 기다랗고 좁은 비탈길의 끝에 있는 한 집을 가리켰다.

켈러 대위는 계단 앞에서 그녀를 기다리고 있었다. 문에는 지저분한 앞치마를 두르고 머리카락이 온통 헝클어진 아이가 서 있었다. 켈러 가족은 이틀 전부터 기차가 도착할 때마다 애니를 마중하러 역으로 달려나가곤 했다.

헬렌 켈러는 이런저런 일로 무슨 일이 벌어졌음을 직감했다. 집을 향해 굴러 들어오는 마차의 바퀴 소리는 들을 수 없었지만, 애니가 첫 번째 계단에 발을 디디자마자 그 진동을 느낀 것이다. 켈러는 애니에게 달려가서 그녀의 얼굴과 옷을 만지고는, 여행 가방을 낚아챈 뒤 열어보려 했다. 가방이 잘 열리지 않자 열쇠 구멍을 손으로 더듬으며 애니를 향해 열쇠를 돌리는 듯한 시늉을 했다. 그러고는 가방을 가리켰다.

아이 어머니는 가방을 가만히 놓아두어야 한다고 타이르면서 가방을 빼앗으려 했다. 그러자 그 아이는 얼굴이 붉으락푸르락해지더니 분노를 터뜨렸다. 애니는 자신의 시계를 가지고 그 아이의 주의를 다른 데로 돌렸다. 그러자 마음이 누그러진 아이는 애니와 함께 계단을 올라가 2층에 있는 애니의 방으로 갔다.

도착한 지 3일째 되던 날에 애니는 홉킨스 부인에게 상세한 편지를 쓰고, 헬렌과의 첫 만남이 어떠했는지를 서술했다.

이로부터 15년이 지난 후 헬렌이 나중에 자신의 전기를 썼을 때 앤 설리번이 자기 집에 온 날을 가리켜 자신의 '영혼의 생일'이라고 말했다. "이날은 나의 생애에서 가장 중요한 날로, 내가 일곱 번째 생일을 맞기 3주 전인 1887년 3월 3일이었다. 나는 발소리가 가까워지는 것을 느꼈다. 나는 어머니 발소리라 생각하고 손을 내밀었다. 어머니를 잡고 있던 어떤 사람이 나를 번쩍 들어 올리더니 자신의 두 팔에 꼭 껴안는 것이었다."

곰곰 돌이켜 생각해보면 그녀의 해방은 다름 아닌 이 안기는 행위로부터 시작되었음이 분명했다. 그 첫날이나 나중에도 자신을 안는 행위에 자신이 격렬하게 저항한 기억이 더 이상 나지 않았다. 기억력이 비상한 그녀에게 그런 기억은 없었다. 애니가 집 안으로 들어왔을 때 그녀에게 언어도 말도 이미지도 음도 없었던 탓일지도 모른다. 헬렌은 옛날 일을 생각하면서 자신을 측연測鉛[25]이나 나침반

---

25) 굵은 줄 끝에 납덩이를 매달아 바다의 깊이 따위를 재는 데 쓰는 기구 또는 그 납덩이.

도 없이 안개 자욱한 바다를 표류하는 한 척의 배에 비유했다. 회상해보면 그녀에게는 배를 댈 곳이 없었을지도 모른다. 헬렌은 이 점을 잘 의식하고 있었다. 그녀는 자신의 전기를 이런 말로 시작한다. "나의 첫인상을 정리해보면 참된 것이나 꾸며진 것이 서로 혼동할 정도로 비슷해 보인다는 사실이 내게 의식된다. 어른이 되었지만 나는 아이 특유의 상상력으로 이러한 경험을 서술하는 것이다. 내가 돌이 되던 때 느낀 몇몇 인상은 아직도 뇌리에 생생하지만, '다른 모든 것은 감옥의 그림자에 가려져 있다.'"

애니의 가슴을 짓누르던 돌멩이 하나가 떨어진 셈이었다. 아이는 지적장애아가 아니었고 보기 흉하게 생기지도 않았다. "나는 창백하고 섬세한 아이일지도 모른다는 각오를 하고 있었다. 내가 이런 생각을 한 것은 분명 로라 브리지먼을 학교에 받아들일 때의 인상을 쓴 하우 박사의 기록 때문이었을 것이다. 그러나 헬렌은 창백하지도 섬세하지도 않았다. 그 아이는 몸집이 크고 튼튼하며 혈색이 좋다. 아이의 행동은 마치 고삐 풀린 망아지 같다. 아이의 얼굴은 무어라고 묘사하기 어렵다. 그 아이는 지적으로 보이지만 표정이 없어서, 영혼이나 그 무언가가 없어 보인다."

헬렌은 트렁크에서 짐을 꺼내는 애니를 도와주다가 인형을 발견하고 기뻐했다. 애니는 그녀의 손바닥에 천천히 인형(d-o-l-l)이라는 단어를 적어주었다. 헬렌은 손가락의 움직임을 따라 했다. 그것은 그녀 마음에 드는 새로운 놀이 같았다. 그런 다음 애니는 인형이라는 단어를 또 한 번 적어주고 되돌려 줄 생각으로 그녀에게서 인형을 빼앗았다. 하지만 헬렌은 이에 대해서는 알 턱이 없었다. 그녀가 아는 것이라곤, 이름도 목소리도 나이도 내력도 없으며 단지 특정한 냄새와 특정한 감촉만을 지닌 이 인물이 자기에게서 인형을 빼앗았다는 사실뿐이었다. 그런데 헬렌은 벌써 발을 동동 구르고, 미쳐 날뛰며 인형을 마구 잡아당기기 시작했다.

애니는 인형을 꼭 붙잡고 있었다. 헬렌은 자신의 부탁을 들어주는 사람들에 익숙해져 있었다. 유일하게 자기 말을 고분고분 듣지 않는 사람은 이복오빠 제임스뿐이었다. 그 외에는 헬렌의 행동을 제지하는 사람이 아무도 없었다. 보모는 그녀가 마구 때려도 그냥 참고 있었고, 그녀의 손을 꽉 잡지도 않았다. 헬렌은 이따금 며칠 동안이나 머리도 빗지 않고 돌아다닐 때도 있었다.

애니는 아이의 뜻에 굴복하지 않았다. 그래서 헬렌은 인형을 돌려받지 못했다. 그 대신 애니는 손가락으로 철자를 만들도록 했다.

헬렌은 억지로 그런 일을 하려고 하지는 않았다. 둘은 앞으로 벌어지는 수많은 싸움 가운데 첫 번째 싸움을 이런 식으로 치렀다. 헬렌은 때리며 발버둥을 쳤다. 애니는 헬렌을 억지로 걸상에 앉히고는 그 아이가 더는 아무것도 할 수 없을 때까지 꽉 붙잡고 있었다. 이때 그 아이에게는 억지로 해선 아무 일도 이루지 못할 거라는 생각이 들었다.

아이는 부엌으로 내려가서 케이크 한 조각을 달라고 했다. 헬렌은 케이크 냄새를 맡고 그것을 집으려고 했다. 애니는 헬렌의 손바닥에 c-a-k-e라는 단어를 적어주었다. 애니가 자기에게 원하는 것이 무엇인지 분명히 파악한 헬렌은 서둘러 손가락 움직임을 흉내 냈다. 애니가 자기에게 케이크를 주자, 헬렌은 인형처럼 케이크를 다시 뺏길까 봐 겁났는지 마파람에 게 눈 감추듯 먹어 치워버렸다.

로라 브리지먼이 예쁜 옷을 지어준 그 인형은 헬렌이 분노를 터뜨리며 바닥에 내동댕이치는 바람에 곧 산산조각이 났다. 그 인형은 도기로 만들어져 깨지기 쉬웠다. 헬렌은 아마 이런 사실을 알았던 모양이다. 헬렌 때문에 집에 온전하게 남아나는 게 없을 정도였다. 물건들을 내동댕이치는 것은 아이에게 도움이 되었고, 마음을 후련하게 해주었다. 물건이 바닥에 산산조각이 난 것을 알게 되면 아이는 이루 말할 수 없는 만족감을 느꼈다.

나중에 헬렌이 자신의 감정을 말로 표현할 수 있게 되었을 때 자신이 말을 못해서 파괴적인 유령으로 느낀 감정을 남의 불행을 보고 고소해하는 마음이라 불렀다. 청교도 지역인 뉴잉글랜드에서 통상적인 교육을 받은 로라와는 달리 그녀는 하나님이 다시 자신을 사랑할지의 여부를 묻는 질문으로 골머리를 앓을 필요가 없었다. 자신의 성질이 못됐다는 사실이 마음에 걸리긴 했지만 말이다.

《내가 살아온 이야기》[26]에는 장차 자신을 해방시켜 줄 선생님과 벌인 전투들에 대해서는 한 마디도 언급되어 있지 않다. 그로부터 수십 년 후에 생겨난 《선생님: 앤 설리번 메이시》라는 책에서는, 헬렌 켈러 자신의 기억이 아니라 앤 설리번의 이야기가 중요한 문제라는 사실이 단어의 선택에 이르기까지 분명하게 드러난다. 헬렌의 성질이 '못됐다'는 사실은 그리 중요한 문제가 아니었다. 앤 설리번은 아이를 비난하는 일을 포기했다. 그래서 그녀는 이런 사실을 간단히 잊어버릴 수 있었다.

애니는 그 아이와 숱하게 싸우고, 벌주고, 구석에 내몰고, 침대에 몰아넣었다. 하지만 애니는 그 아이에게 죄책감이 들게 하지는 못했다. 애니는 조건을 내걸고 아이를 사랑하지는 않았다. 어쩌면 그 '버릇없는' 눈먼 아이가 얼마 전까지만 해도 바로 자신의 모습이었다는 사실을 생생하게 기억에 떠올렸을지도 모른다. 그녀는 말을 잘 듣기를 요구했지, 굴종을 요구한 것은 아니었다.

헬렌은 애니가 도착하고 며칠 지난 후 마구 싸우다가 애니의 이빨을 부러뜨려버렸다. 애니는 단단히 화가 났다. 헬렌은 아직 이런 사실을 알지 못했지만 그녀는 결국 용서를 받았다. 그녀는 화가 난

---

26) 헬렌 켈러가 23세 때 쓴 자서전 《내가 살아온 이야기》를 말함.

다고 더 이상 빈 곳으로 달아나지 않았다. 켈러 씨 부부, 제임스, 심프슨, 그리고 애니가 식탁에 둘러앉아 아침을 먹고 있었다. 애니는 배가 고팠지만 거의 먹을 수 없었다. 헬렌이 전날 부러뜨린 이는 그녀의 송곳니였다.

헬렌은 식탁 주위를 돌아다니며 손가락으로 마음에 드는 접시를 낚아챈다. 그녀는 늘 이런 식이지만 가족은 그녀가 행패를 부릴까 봐 두려워서 그냥 참고 있다. 쟁반에 담아 여러 사람에게 돌리는 음식도 헬렌은 손가락으로 휘젓지만 아무도 이에 대해 뭐라고 하지 않는다.

헬렌이 애니에게 다가와 그녀의 접시를 더듬으며 만지기 시작하자 애니는 아이의 손을 뿌리친다. 헬렌은 놀라 주춤하다가 즉시 다시 손을 내뻗는다. 애니는 한 달에 25달러를 받는 자리를 잃을 각오를 하고 돌연 힘껏 손을 뿌리친다.

결국 일어날 일이 벌어지고야 만다. 헬렌은 미쳐 날뛰기 시작한다. 가족은 식당을 떠나는데, 아마 애니가 그런 부탁을 한 모양이다. 애니는 문으로 가서 문고리를 걸어 잠근다. 그런 다음 다시 자리에 앉아 억지로 계속 식사를 한다. 헬렌은 고래고래 소리를 지르며 바닥에 몸을 던지고는, 닥치는 대로 치고받으며 애니의 의자를 잡아당기려 한다. 애니는 의자를 꽉 붙잡은 채 계속 그 위에 앉아 있는다. 마침내 헬렌은 일어나더니 주위를 더듬거린다. 애니가 무엇을 하고 있는지 알려고 하는 모양이다.

애니는 소피아 홉킨스에게 이런 편지를 쓴다. "나는 식사하고 있음을 그 아이에게 보여주었어요. 그렇지만 그 아이가 내 접시를 만지지 못하게 했어요. 그 애는 나를 꼬집었어요. 나는 그 아이가 나를 꼬집을 때마다 따귀를 때렸어요. 그런 다음 그 아이는 식탁 주위를 돌아다니더니 나 말고 이 자리에 아무도 없다는 것을 알고 화들짝 놀라는 표정이었어요. 몇 분 후에 그 아이는 제 자리로 가서 손가락으로 음식을 먹기 시작했어요. 나는 그 아이가 바닥에 던진 숟가락을 그녀에게 주었어요. 나는 그 아이를 의자로부터 끌어당겨서는 숟가락을 집어 들라고 시켰어요. 마침내 나는 다시 그 아이를 의자에 앉힌 다음 그 숟가락을 손에 쥐여주고, 그것으로 음식을 먹게 했어요. 잠시 후 그 아이는 순순히 말을 들으며 조용히 음식을 먹었습니다. 그러고 나서 그 아이가 냅킨을 접으려고 하지 않아서 우리는 다시 한바탕 소동을 벌였답니다. 그 아이는 식사를 한 후 냅킨을 바닥에 던져버리고는 문으로 달려갔어요. 문이 잠겨 있다는 것을 알자 다시 발버둥 치며 소리를 지르기 시작했어요. 한 시간이 지난 후에야 냅킨이 접혔어요. 그런 다음 나는 그 아이가 따스한 햇볕이 비치는 바깥으로 나가게 하고, 나는 계단을 올라가서는 파김치가 된 몸을 내 침대에 던졌어요."

앤 설리번이 보스턴에서 기차에 오른 지 약 일주일이 흘렀다. 그 전에 앤은 반년 동안 헬렌을 어떻게 가르치고 다룰 것인지 준비를 했다. 이제 그녀는 소피아 홉킨스에게 이런 편지를 쓴다. "사정은 이렇습니다. 우리는 연구하고, 계획하고, 과제를 준비합니다. 실제 행동에 옮기려고 보니 우리가 열성적으로 따랐던 제도가 상황에 맞지 않음을 확인하지 않을 수 없습니다. 그리하여 우리에게는 우리 내부에 있는 무언가 타고난 능력을 알고 믿으며 행동에 옮기는 수밖에 다른 도리가 없습니다. 우리에게는 그런 능력이 절실히 필요했기 때문입니다. 우리는 그런 능력이 드러날 때까지 우리 자신에게 그것이 있다는 것을 알지 못했습니다."

우리는 헬렌의 부모, 두 오빠, 심지어 하인과 하녀들조차 눈멀고 귀먹은 헬렌이 식당에서 고래고래 비명 지르는 소리를 복잡한 심정으로 들었을 거라 상상할 수 있다.

애니는 자신의 방에서 실컷 울고 나서 켈러 부인과 대화를 가졌다. 그녀는 대화를 나누면서 헬렌에게 분명한 한계를 설정하지 않으면 그 아이가 결코 아무것도 배우지 못할 거라고 설명했다. 그런데 집에서는 그게 도무지 가능할 것 같지 않다는 것이다. 일정 기간 자기가 그녀와 단둘이 지내는 게 제일 좋겠다는 것이다. 케이트 켈러는 남편과 상의해보겠다고 약속했다.

애니는 헬렌의 집에 온 지 일주일 후에 켈러 가의 본채가 있는 아이비 그린Ivy Green[27] 부근의 별채로 거처를 옮기게 되었다. 그녀

---

27) 켈러 가의 본채는 울타리와 나무를 담쟁이가 휘감고 있어서 '초록 담쟁이덩굴 집'으로 불렸다.

는 헬렌 말고도 심부름하고 불을 지펴줄 흑인 소년 한 명을 데리고 갔다.

부모는 헬렌이 자기가 어디에 있는지 눈치채지 못하도록 헬렌과 마차 드라이브를 한 다음 자기 집과는 시설이 다른 별채로 데리고 갔다. 그곳은 헬렌이 태어나 처음 몇 년간 보낸 곳이었다. 헬렌의 아버지는 남북전쟁이 끝난 후 그 집을 짓게 하고, 케이트와 결혼하고서 그곳에 들어가 살았다.

"처음에 그 아이는 너무 흥분한 나머지 길길이 날뛰며 귀가 먹먹해질 정도로 소리를 질러댔습니다. 하지만 저녁 식사를 맛있게 하고 나서는 기분이 좀 나아진 것 같았습니다. 그렇지만 내가 자기에게 손을 대는 것은 허락하지 않았어요. 그 아이는 인형을 가지고 놀다가 잠잘 시간이 되자 조용히 옷을 벗는 것이었습니다. 하지만 내가 옆에 누워 있다는 사실을 알자 다시 침대에 눕지 않으려고 마구 떼를 썼습니다. 하지만 나는 그 아이가 감기에 걸릴까 봐 은근히 걱정되었어요. 그래서 침대에 눕도록 계속 다그쳤어요. 말하자면 우리는 거의 두 시간 동안 제대로 한판 붙은 셈이었지요. 나는 지금껏 그렇게 힘세고 끈질긴 아이는 본 적이 없었어요. 하지만 우리 둘 중 다행히도 내가 좀 더 힘과 고집이 세었어요. 마침내 나는 그 아이를 침대에 눕히고 이불로 덮어주는 데 성공했답니다. 그리고 그 아이는 침대 끄트머리에 몸을 돌돌 말고 누워 있었습니다. 다음 날 아침 헬렌은 눈에 띄게 고분고분해졌지만 집에 가고 싶은 기색이 역력했어요. 그녀는 누군가를 기다리는 것처럼 몇 번이고 문에 다가가서는, 마치 자신의 어머니에게 그러듯이 가끔 자신의 뺨을 갖다 대고는 슬픈 듯 머리를 흔들었습니다. 그 아이는 전보다 더 자주 인형을 가지고 놀았고, 나와는 도무지 상종하려 들지 않았어요."

다음 날과 그다음 날 아침에 헬렌의 아버지는 창을 통해 아이가 잠옷 바람으로 바닥에 앉아 있는 참담한 모습을 지켜보았다. 헬렌은 잠에서 깨어나면서 기분이 좋지 않았고, 옷을 입으려 하지 않았으며, 애니가 건네주는 옷가지들을 바닥에 내동댕이쳤다. 애니는 옷을 입어야 아침을 줄 거라고 그녀에게 분명히 밝혔다. 열 시에도 그녀는 여전히 바닥에 앉아 있었다.

그녀의 아버지는 여사촌 레일라 집에 나타나서 그 양키 소녀를 보스턴으로 막 돌려보낼 참이라고 설명했다. 만약 아버지 아서 켈러가 자신의 여사촌 말을 따르지 않고 애니를 집에서 내보냈더라면, 우리가 알고 있는 그 헬렌 켈러는 분명 이 세상에 존재하지 않았을지도 모른다. 그 아이는 몇 번이나 사진을 찍으면서도, 자신감 넘치는 자세로 얼굴에 모나리자 같은 미소를 짓는 우아한 젊은 여자로 결코 성장해갈 수 없었을 것이다. 앤 설리번이 한계를 설정하면서 그녀에게 준 발판이 없었더라면 그녀는 죽는 날까지 자기 자신의 벽에 갇혀 살았을 것이다. 아서 켈러의 여사촌은 좀 더 기다려보라고 그를 설득했다.

애니와 헬렌은 별채에 머물러 있었다. 헬렌은 '예'와 '아니오'라는 게 있음을 배웠고, 고개를 끄덕이면 '예'가 되고, 가로저으면 '아니오'가 된다는 것을 배웠다. "이는 추위나 더위, 또는 고통이나 안락함과 같은 명백한 사실이다." 헬렌은 애니가 자신의 적이 아니며, 자신을 망가뜨리려고 하는 게 아니라는 사실을 감지했음이 틀림없다. 어쩌면 둘이 서로 맞수임을 느꼈을지도 모른다. 두 사람 다 힘이 세고 포기할 줄 모르며, 고집 세고 제멋대로이며, 다루기 어렵다는 사실에서 말이다.

헬렌과 흑인 소년과 10일 동안 함께 지낸 후에 앤 설리번은 소피아 홉킨스 부인에게 이런 편지를 쓴다. "내 가슴은 기쁨에 넘쳐 환호하고 있어요. 기적이 일어났거든요! 보름 전의 떼쟁이 소녀가 순한 아이로 변했답니다. 내가 이 글을 쓰는 동안 그 아이는 내 옆에 앉아 있어요. 그리고 명랑하고 행복한 얼굴로 붉은 양모로 된 기다란 끈을 엮고 있어요. 이젠 내가 입맞춤을 해도 가만히 있어요. 그리고 특히 기분이 좋을 때는 내 품에 1, 2분 동안 안겨 있기도 합니다. 하지만 나의 상냥한 태도에 응답은 하지 않습니다. 그래도 커다란 발걸음이 옮겨졌다는 사실이 무엇보다 중요한 일입니다. 그 난폭한 소녀는 순종이라는 첫 번째 가르침을 배웠고, 순순히 이러한 굴레를 지는 것 같습니다. 이제 내게는 아이의 영혼에서 꿈틀대기 시작하는 뛰어난 지적 능력에 방향을 잡아주고 형태를 부여하는 즐거운 과제가 남아 있습니다."

헬렌의 아버지는 하루에 두 번, 아침에 사무실에 갈 때와 저녁에 퇴근할 때 그곳을 둘러보았다. 한번은 헬렌이 데리고 놀기를 좋아한 세터 종 암캐인 벨을 데리고 왔다. "헬렌은 막 인형을 목욕시키는 중이라서 처음에는 그 개가 온 것을 알아차리지 못했어요. 보통 그 아이는 조그만 발소리만 나도 감지하고, 부근에 누가 있는지 확인하려고 두 팔을 뻗지요. 벨은 헬렌이 자신을 알아차리도록 하는 데 관심이 없는 듯했어요. 나는 조그만 여주인이 이따금 개를 꽤 거칠게 다루었다고 생각합니다. 하지만 헬렌이 인형을 세숫대야에 떨어뜨려 놓고, 방안을 더듬더듬 돌아다니며 코로 냄새 맡기 시작하면 그 개는 채 30초도 방 안에 있지 않았어요. 그 아이는 켈러 대위가 서서 지켜보았던 창의 부근에 웅크리고 있는 개와 부딪혔습니다. 그 아이는 개의 존재를 알아차린 게 분명했습니다. 그 아이는 개를 두 팔로 안고 가슴에 꼭 끌어안았기 때문입니다. 그런 다음 헬렌은 개를 옆에 앉히고는 개의 발톱으로 무언가를 만드는 시늉을 했습니다. 처음에 우리는 그 아이가 무슨 일을 하는지 설명할 수 없었습니다. 그러나 우리는 그 아이가 자신의 손가락을 가지고 인형(d-o-l-l)이라는 철자를 만들려는 것을 보고, 우리는 헬렌이 개에게 철자를 가르쳐주려 한다는 사실을 알게 되었습니다."

앤 설리번이 켈러네 집에 왔을 때 헬렌은 약 60가지의 신호를 익히고 있었다. 달걀이 먹고 싶을 때는 주먹을 손바닥에 댔고, 빵을 먹고 싶을 때는 자르고 버터 바르는 시늉을 했다. 그리고 여동생을 표현할 때는 자신의 엄지손가락을 빠는 시늉을 했다. 이제 헬렌은 언어에 순응하는 손가락 문자라는 다른 신호를 갖게 되었지만, 언어의 존재는 아직 알지 못했다. 그녀는 자신의 손바닥에서 감지한 손가락의 움직임을 그냥 모방할 뿐이었다. 그리고 이러한 특정한 움직임들이 이러한 순서에 따라 '바늘'을 의미하거나 '열쇠'나 '모자'를 의미한다는 것을 배웠다.

가끔 애니는 헬렌의 호기심을 자극하기 위해 흑인 소년 퍼시Percy 와 함께 가르쳤다. 하지만 헬렌은 나중에 기술했듯이, 자신의 손가락을 "원숭이처럼 모방하며" 움직였을 뿐 모든 사물, 붙잡을 수 있는 모든 물건과 붙잡을 수 없는 모든 것에도 이름이 있다는 사실은 알지 못했다. 그래도 그녀는 손가락 문자를 쉽고도 빠르게 배워나갔고, 벌써 명칭에 대해 묻기 시작했다. 그녀가 자기 힘으로 알려고 한 최초의 두 가지 신호는 눈과 손가락에 대한 신호였다. 그녀가 무언가에 대한 명칭을 알고 싶을 때는 그것을 가리키며 애니의 손바닥을 쓰다듬었다. 바야흐로 그녀는 다른 사람과 자신을 연결해주는 흔들다리를 건너려는 참이었다.

그녀는 좀 더 차분해졌고, 먹는 음식의 양도 더 줄어들었다. 아버지는 딸이 향수를 앓고 있다고 생각했다. 그래서 딸을 집으로 데려오자고 주장했다. 그녀와 조금 더 단둘이 있고 싶었지만 애니는 이러한 상황에 순응하지 않을 수 없었다. 하지만 그곳에서 되돌아온 후에 애니는 별채에서 보낸 2주일이 무척 유익했으며, 이젠 아이가 가족에게 손가락 문자를 가르쳐주기 시작한다고 소피아 홉킨스에게 썼다.

다시 집에 돌아온 후에도 헬렌은 계속 애니의 방에서 잤고, 계속 애니의 보살핌을 받았다. 보모가 헬렌의 말을 순순히 들어줄까 봐 걱정된 애니는 집 안이나 집 밖에서 모든 기회를 이용하여 헬렌을 가르치려 했다. 헬렌은 '우유', '어머니', '아기'에 대한 명칭을 배웠다. 그리고 처음 배운 동사들은 '앉아 있다', '서 있다'와 '가다'였다.

둘은 푸른 초목이 피어나는 바깥으로 많이 나갔다. 헬렌은 이를 느꼈고, 향기를 맡았으며, 꽃과 꽃봉오리를 더듬으며 만져 보았다. 그녀는 인형을 땅에 심고는, 그것이 곧 자기와 같은 크기로 자랄 거라고 신호로 설명했다.

젊은 처녀와 아이는 아침부터 저녁까지 함께 붙어 다녔다. 이들은 마구간의 말과 버새를 찾아갔고, 뜰에 있는 칠면조에게 사료를 주었다. 또한 켈러 대위의 사냥개와 함께 놀았고, 아이비 그린에 사는 헬렌의 고모를 찾아가거나 인근 지역에 사는 친척들을 방문하기도 했다. 터스컴비아는 당시 약 3천 명의 주민이 사는 소도시였다. 그중에 절반은 백인이고 나머지 절반은 흑인이었다.

앤 설리번은 흑인에 속하지 않았고, 그렇다고 백인에 속하지도 않았다. 양키 소녀인 그녀는 흑인 인권을 위해 끈질기게 싸웠고, 누구는 주인이 되고 누구는 노예가 되는 불공정한 현실에 분노를 금치 못했다. 노예 제도는 철폐되었지만, 아침과 저녁마다 뜰에 몰

76

려드는 암소들의 젖을 문질러주는 것은 흑인들의 손이었고, 장작을 패고 말과 버새와 돼지를 돌보는 것도 흑인들의 손이었으며, 불을 피우고 음식을 요리하며, 과일과 잼을 병조림하고 오이지를 만들며, 버터를 만들고 햄을 훈제하는 것 역시 흑인들의 손이었다.

부엌에서 일하는 사람들 중 헬렌의 어머니 손만 흰색이었다. 케이트 켈러는 말하자면 뉴잉글랜드의 명문가 출신이었다. 그러나 남쪽인 테네시 주의 멤피스에서 태어나고 성장한 탓에 앤 설리번의 분노에 공감할 수 없었다. 그녀는 흑인들을 다정하게 대했지만 다른 모든 사람과 마찬가지로 그저 '이들이 자신의 본분을 다하기를' 기대할 따름이었다.

앤 설리번은 양키 소녀라고 뭇 사람들의 따돌림을 받았다. 그녀는 이러한 것에 익숙해져 있었다. 그녀는 가족한테서 따돌림을 받았고, 퍼킨스 맹아학교에서 따돌림을 받았다. 그리고 이젠 앨라배마에서 양키 소녀라고 따돌림을 받았다. 그녀는 북쪽 사람이 이곳에서는 아직도 미움을 받고 있다는 것을 재빨리 눈치챘다. 켈러 대위와 저녁에 식사 초대를 받는 그의 친구들은 모두 '양키'에 대항해 남부 고향을 지키려고 전쟁에 나간 사람들이었다. 4년 동안 지속된 남북전쟁은 대단히 잔혹하게 치러졌다.

이 남북전쟁은 앤 설리번의 삶에서 지금껏 이렇다 할 의미가 없었다. 그 전쟁은 그녀가 태어나기 몇 년 전 노예제 반대론자인 에이브러햄 링컨이 미합중국의 대통령으로 선출되면서 시작되었다. 농장에서 일하는 노예들의 노동력에 의존하던 남부 주들은 노예제 철폐를 받아들이려고 하지 않고, 연방에서 탈퇴하여 미국 남부 동맹 주를 결성했다. 앤 설리번이 태어나기 2년 전에 남부 동맹 주가 무조건 항복을 했었다. 그녀의 마을이나 빈민구호소에서는 먼 남쪽에서 일어난 전쟁이 별로 중요하지 않았고, 사람들은 전쟁 이야기를 별로 하지 않았다. 애니는 퍼킨스 맹아학교에 들어가서야 비로소 전쟁 이야기를 들었다. 하지만 가족 중에 아무도 이러한 사실을 아는 사람이 없었다. 아무도 그녀가 겪은 가난, 더러움, 비참함, 무지에 대해 알지 못했다. 그녀는 자신의 분노는 숨길 수 없었을지라도 자신이 살아온 내력은 감쪽같이 숨길 수 있었다.

저녁 식사를 할 때 전쟁 이야기가 화제에 오르지 않는 경우는 거의 없었다. 헬렌은 이를 듣지 못했고, 이에 대해 아무것도 알지 못했다. 그리고 몇 년이 지나서야 헬렌은 흑인들 편에 서게 된다(이로써 그녀의 모든 가족이 그녀에게 발끈하게 된다). 현재로서는 그녀는 흑인이 있다는 사실조차 알지 못했다. 그녀는 모든 사람이 똑같은데 자기만 다를 뿐이라고 생각했다. 그녀에겐 사람들이 싸우는 소리가 들리지 않았고, 공간에 긴장감이 감돈다는 사실만 감지되었다. 그녀는 애니가 이성을 잃고, 자신이 몇 년 후에야 이해하게 된 어떤 상황에 애니가 속수무책으로 휘말려 들어간 사실을 감지했다. 이는 자기 자신을 변호할 수 없는 사람들의 편을 들어야 한다는 숨겨서는 안 되는 감정이었다. "애니에게는 물러설 내부 공간이 없었다."

이렇게 애니는 켈러네 식탁에서 빈민구호소에서 겪은 기억을 꽁 꽁 걸어 잠그고 있었다. 그리고 신사들 중의 한 명이 자신의 딸이 생계비를 벌려고 일하는 것을 보느니 차라리 죽어버리겠다고 말하는 것을 그녀는 잠자코 듣고 있어야 했다. 마치 그녀가 그 자리에 없는 것 같았고, 그녀는 사람 취급을 받지 못하는 것 같았다. 그녀는 헬렌의 가족에게서 돈을 받는 입주 가정교사일 뿐이었다. 남부의 기사들은 흑인 소녀에게와 마찬가지로 그녀에게는 굳이 기사도를 보일 필요가 없었다.

애니가 볼 때 이들은 계속 무언가를 떠벌려야만 하는 안하무인격인 허풍선이와 다름없었다. 이들이 자랑한다는 게 고작 복숭아가 향기롭다느니 또는 수박이 크다는 말에 불과했지만 말이다.

이들이 자신을 함부로 대한다는 사실을 여러 번 느낀 애니는 짐을 꾸리고 정처 없이 이 집을 떠날 결심을 했다. 물론 딱히 갈 곳도 없었지만 헬렌을 그냥 두고는 도저히 떠날 수 없었다. 깨어 있는 순간이면 늘 헬렌과 함께 지내는 그녀로서는 자신이 어딘가에 초대받지 않았다는 사실에 상심할 겨를도 없었다. 그녀는 젊은이들 축제에 한 번도 참석한 적이 없었다. 스무 살인 그녀는 예뻤지만 남부의 젊은 남자들에게 인기가 없었다. 이들에게는 귀엽고 멍청한 소녀가 자신의 지적 능력을 숨기는 수고를 하지 않는 드센 양키 소녀보다 차라리 나았던 것이다.*

7.
일취월장하는 헬렌 켈러

앤 설리번이 켈러의 집에 온 지 한 달이 지나자 헬렌은 어느덧 스무 단어 이상을 알게 되었다. 헬렌은 나중에 언어가 존재한다는 사실을 어느 한순간에 깨달았다고 서술한다. 하지만 소피아 홉킨스에게 보내는 앤 설리번의 편지로 미루어 볼 때 그녀가 언어의 존재를 전격적으로 깨달은 것이 아니라, 아침노을과 비교할 수 있는 어떤 과정이 진행하는 가운데 깨달은 것으로 보인다. 즉 동틀 녘에는 사물들이 서서히 어둠 속에서 모습을 드러내며 윤곽을 띠게 되는 것이다.

이미 얼마 지나지 않아 애니는 헬렌이 배워야 하는 말과 그 아이가 직접 질문한 말을 가르쳐 주었다. 그뿐만 아니라 온종일 자신들이 한 모든 일을 그 아이 손바닥에 적어주었다. 이리하여 헬렌은 알파벳의 철자들을 자신의 손바닥에 여러 번 전해지는 특정한 감촉으로 배우게 되었다. '잔'과 '마시다'를 혼동하기는 했지만, 그녀는 벌써 무언가를 어렴풋이 깨닫게 되었다.

이러한 무언가가 1887년 4월 5일 아침에 구체적인 형태를 이루게 되었다. 헬렌은 세수하면서 물을 지칭하는 말을 알려고 한다. 애니는 헬렌의 손바닥에 물(w-a-t-e-r)이라는 글자를 적어주고는, 아침 식사 후에 새로운 단어의 도움으로 '잔'과 '마시다'의 차이를 헬렌에게 설명해 줄 생각이 떠오를 때까지 더 이상 그것을 생각하지 않는다.

"우리는 물 펌프로 가서 내가 펌프질하는 동안 헬렌에게 잔을 수도꼭지 밑에 대게 했어요. 차가운 물이 쏟아져 나와 잔을 가득 채우자 비어 있는 헬렌의 다른 손에 물이라는 단어를 적어주었어요. 손바닥에 흘러넘치는 물의 차가운 감촉을 느끼자마자 그 단어를 써주니까 그 아이는 화들짝 놀라는 것 같았어요. 그 아이는 잔을 떨어뜨리고는 마치 무엇에 홀린 것처럼 서 있었어요. 아이의 얼굴이 환하게 밝아져 왔어요. 그 아이는 물이라는 단어를 여러 번 써보더군요. 그런 다음 바닥에 웅크리고 앉더니 땅바닥을 어떻게 부르는지 질문하고는, 펌프와 격자 울타리를 가리켰어요. 그리고는 느닷없이 몸을 돌리더니 내 이름을 묻는 것이었어요. 나는 선생님(t-e-a-c-h-e-r)이라고 적어주었어요. 바로 이때 헬렌의 보모가 펌프 가로 어린 여동생을 데리고 왔어요. 그러니까 헬렌은 '아기'를 적고는 보모를 암시했습니다. 우리가 집에 돌아왔을 때 헬렌은 무척 흥분해 있었습니다. 그녀는 자신이 접하는 모든 대상을 칭하는 이름을 배우게 되어 몇 시간 만에 서른 개 정도의 새로운 어휘를 익히게 되었답니다."

이로부터 15년이 지난 후 헬렌 켈러는 자신의 첫 번째 저서인 《내가 살아온 이야기》를 쓴다. 그 속에서 그녀는 물 펌프에서 겪은 순간에 대해서도 쓰고 있다. 그녀는 펌프 주위를 휘감고 있는 인동덩굴 나무의 향기로 그것을 알아챘다. "갑자기 어슴푸레한 기억이 뇌리를 스치고 지나갔다. 그리고 언어가 지닌 비밀이 느닷없이 궁금해졌다. 나는 지금 물이 저 놀랍고 서늘한 무언가를 의미한다는 사실을 알게 되었다. 이 살아 있는 단어는 내 영혼이 살아 숨 쉬게 해주었고, 빛과 희망, 기쁨을 가져다주었으며, 영혼의 질곡으로부터 영혼을 해방시켜 주었다. 나는 배우고 싶다는 욕망에 가득 차 물 펌프를 떠났다. 모든 물건마다 죄다 이름이 있었던 것이다. 그리고 모든 이름마다 새로운 생각을 일깨워주었다. 우리가 집으로 돌아왔을 때 모든 사물이 생명을 억누르느라 떨고 있는 것 같았다."

수십 년 후 《선생님: 앤 설리번 메이시》라는 자신의 마지막 책에서 헬렌 켈러는 또 한 번 물 펌프에서 겪은 기억을 떠올리고, 그 순간 무슨 일이 벌어졌는지 간결하고도 꾸밈없이 사실 그대로 묘사하고 있다. 그러고 나서 다음과 같은 결정적인 말을 덧붙인다. "서로를 '헬렌'과 '선생님'이라고 부르는 두 사람의 감동적인 관계가 물 펌프로부터 시작되었다."

이제 헬렌은 "자신이 스스로를 가둔 장벽 앞에서 미쳐 날뛰느라 자신을 소모할" 필요가 없어졌다. 자신이 가둔 감옥 문이 열린 것이다. 그녀는 문을 열고 나와 다른 사람에게 다가가서는 자신의 생각을 전달하고, 이해시키고, 스스로를 이해할 수 있었다. "나의 삶에는 과거와 미래가 없었다. 하지만 다른 사람이 손가락으로 적는 단어가 내 손에 닿으면 텅 빈 공간이 가득 차게 되었다."

그날 저녁 헬렌은 처음으로 자기 스스로 애니의 몸에 자신의 몸을 밀착시키고는 입맞춤을 했다. 애니는 소피아 홉킨스에게 이렇게 편지 썼다. "나는 너무 기쁜 나머지 그만 심장이 터져 버릴 것만 같았어요."

헬렌은 자신을 다른 사람과 연결해주는 '언어'라는 다리에 첫발을 내디디게 되었다. 자신의 삶에서 처음으로 그 아이는 목표를 가지고 되고, 그 아이의 생각들은 하나의 방향을 얻게 된다. 사물들의 이름을 배워야겠다는 생각을 하게 된 것이다.[28] 그 아이가 파악하는 최초의 단어들이 자신에게는 "눈을 녹이기 시작하는 최초의 따스한 햇살처럼" 여겨진다. 헬렌은 배우고, 애니는 써준다. "새가 나

---

28) 낱말의 입맞춤을 받은 헬렌의 영혼은 긴 잠에서 깨어나 빛과 희망의 기쁨을 맛보았을 뿐만 아니라 비로소 자유를 찾는다.

는 법을 배우는 것과 마찬가지로 달리 어찌할 도리가 없기 때문이다." 헬렌에게는 "서로를 연결시켜 주는 손과 손의 마술"이 필요하다. 나중에 그 아이는 앤 설리번의 "말들이 그 아이의 손에 조그만 운석隕石처럼 미끄러져 내렸다"고 기억할 것이다. 그 아이는 자신이 설 자리를 찾았고, 거기에 속함으로써 전체의 일부분이 된다. 물 펌프에서 "무無가 사라져버렸다."

그로부터 닷새 후 애니는 소피아 홉킨스에게 이렇게 편지 쓴다. "헬렌은 하루가 다르게 시시각각 발전하고 있어요. 이제 그 아이는 모든 사물의 이름을 알려고 해요. 밖으로 나갈 때마다 집에서 배우지 못한 명칭을 집요하게 물어봐요. 어떤 단어를 알자마자 그것에 대한 무언의 표시나 손동작을 그만두어요. 그 아이는 새로운 단어를 습득하는 것을 대단히 즐거워해요. 아이의 표정이 하루가 다르게 풍부해지는 것을 우리도 느끼고 있어요."

처음에 헬렌은 개별적인 단어를 통해 전체 문장을 표현한다. "손동작으로 하는 '우유'는 '우유를 좀 더 주세요'라는 의미예요. 묻는 듯한 눈초리로 '어머니' 하면 '어머니 어디 있어요?'라는 뜻이에요. '가다'는 '난 나가고 싶어요!'라는 뜻이랍니다. 하지만 내가 그 아이의 손에 '나에게 빵을 좀 주렴' 하고 적어주면 나에게 빵을 건네줘요. '우리가 산책하려고 하니 네 모자를 가져오렴' 하고 말하면 즉각 이 말에 따릅니다. '모자'와 '산책하다'라는 두 단어는 같은 효과를 지니고 있을지도 몰라요. 하지만 낮에 문장 전체가 여러 번 반복되면 점차 그것이 뇌리에 새겨져, 헬렌은 서서히 그것을 사용할 겁니다."

다시 한 번 앤 설리번은 모든 계획을 무너뜨렸다. 그녀는 규칙적이고 방법론적인 수업을 포기하고, 아기의 귀에 대고 말하듯이 헬렌의 손바닥에 문장 전체를 말하기로 결심했다.

태어난 지 15개월 된 헬렌의 여사촌이 있었다. 그 아이를 보고 앤 설리번은 로라 브리지먼의 선생님과는 다른 방법을 쓸 생각을 했다. 아직 말할 줄은 몰랐지만 그 아이가 이미 말을 다 알아듣는 다는 사실을 애니는 목격한 것이다(헬렌이 병으로 귀먹고 눈멀게 된 것은 생후 19개월 되었을 때였다. 그러므로 그때 수동적이나마 상당한 어휘를 알고 있었음이 분명했다. 헬렌도 이미 그 당시에 말하기 시작했으며, 특히 '물'이라는 단어를 말할 수 있었으므로 그녀가 언어를 발견한 것은 엄밀히 말하자면 재발견인 셈이었다).

외국어를 배운 적이 없었고, 성인들도 새로운 언어를 배울 때 말하는 것보다 더 많은 것을 알아듣는다는 사실을 알 턱이 없었던 애니는 그 어린 소녀가 사람들의 말을 들으면 이를 받아들이고 반응한다는 사실을 관찰하면서 지켜보았다. 문장 전체에서 알아듣는 단어가 한 개밖에 없을지라도 말이다. 그 아이는 나머지 단어를 서로 아귀를 맞춰 서서히 가능한 모든 단어를 배워나갔다. 이리하여 헬렌 켈러도 맥락과 관련짓는 법과 맥락에서 벗어나는 법을 배우면서, 거의 설명할 수 없는 단어들도 자기 것으로 할 수 있었다. "헬렌은 정상적인 아이처럼 거의 무의식적으로 말하는 법을 배웠어요. 돌이켜 생각해보면 내가 가르쳐 줄 때마다 그 아이는 한 단계씩 도약했다는 생각이 들어요. 우리는 보통 바깥에 있었고 무언가를 했어요. 그 아이는 자기에게 필요한 듯이 말을 배웠어요. 그 아이는 행동이 필요한 단어를 배우면 잘 까먹지 않았어요. 그리고 관용구를 배웠고 또는 심지어 행동을 묘사하는 것이 중요할 때는 단어만큼이나 수월하게 문장을 익혔어요."

학교 수업 내용에 따라 헬렌을 가르치지 않으면서부터 사실상 그 아이가 좀 더 빨리 배운다는 사실을 앤 설리번은 알게 되었다. 그래서 한 걸음 더 나아갔다. 애니는 그녀를 시험하는 일을 그만두었다. "아이가 수업 내용을 기억하고 있는지 확인하기 위해 선생님이 들이는 시간은 낭비하는 것과 마찬가지임을 난 확신합니다. 내 생각으로는 아이가 자신의 능력껏 배우고, 뿌려진 씨가 시간이 되면 열매를 거두리라는 것을 받아들이는 게 훨씬 나을 겁니다."

앤 설리번은 일평생 자신의 교양이 부족함을 부끄러워했고, 제대로 교육을 받지 못한 것을 안타까워했다. 하지만 어쩌면 이론적인 체계에 짓눌리지 않고, 이론으로 왜곡되지 않은 이러한 시각이야말로 자신의 이념을 발전시키고 실행에 옮기게 한 원동력이 되었을지도 모른다. 그녀는 오늘날의 시각에서 볼 때 헬렌을 난폭하게 벌주었고, 그 아이를 구석에 세우고 침대로 몰아넣거나, 또는 그 아이에게 한 마디도 '말하지' 않기도 했다. 하지만 또한 애니는 헬렌에게 자신의 혼신의 힘을 쏟았으며, 자신이 주어야 하는 것은 뭐든지 아낌없이 주었다.

펌프 가에서 그 일이 있고 한 달 후에 그녀는 소피아 홉킨스에게 이렇게 편지 쓴다. "나는 머리를 짜내 생각해낸 모든 교육 체계를 불신하기 시작합니다. 내가 볼 때 그것은 모든 아이가 백치이며, 생각을 가르쳐야 한다는 전제 조건으로 구축된 것 같습니다. 반면에 스스로에게 맡겨두면 아이는 더 많이, 더 잘 생각할 겁니다. 아이는 둥근 탁자에 앉아 있고, 선생님은 나무토막으로 벽돌을 쌓게 읊어대는 대신 아이가 원하는 대로 오가게 하고, 실제적인 사물을 만지게 하며, 스스로의 사고력으로 그것을 이해하게 해야 합니다. 그러한 수업은 아이의 머리에 인위적인 연상들을 가득 쑤셔 넣습니다. 아이가 세상에 대한 자신의 상을 갖게 될 때에야 비로소 다시 그것들로부터 벗어날 수 있습니다."

이것은 자신의 일에 대해 깊이 생각하는 어른 모습의 애니이다. 하지만 이와 동시에 그녀의 마음속에는 어린이가 함께 들어 있었다. 모두 일찍 잠자리에 드는 켈러의 집에서 애니는 헬렌의 인형을 팔에 안고 콧노래를 흥얼거리며 밤을 보냈다. 그녀는 나중에 자신의 전기 작가에게 일평생 인형을 가지고 놀았다고 고백했다. 그녀는 헬렌보다 열네 살 많았고, '스승'이었고, 헬렌의 교사이자 해방자였지만, 또한 헬렌과 나무 타기를 즐겨한 어린아이이기도 했다. 어떤 점에서 보면 헬렌과 그녀는 함께 커 가는 어린아이들이었다.

"헬렌과 함께 즐겁게 이리저리 뛰어다니는 동안 선생님 자신이 동화의 나라에 빠져든 느낌을 받았다. 거기서는 어린 시절에 알지 못했던 창조적인 놀이의 재능이 자신에게 주어졌다."

헬렌이 언어를 발견하거나, 또는 재발견한 뒤에 애니는 점점 더 그녀의 일부분, 그녀의 귀와 눈이 되었다. 애니는 두 사람을 위해 보기 시작했고, 헬렌을 위해 같이 보았다. 애니는 소피아 홉킨스에게 이렇게 편지 쓴다. "나는 이제야 제대로 보기 시작한다는 느낌이 들어요." 다른 사람들에게는 이미 너무 익숙해져 있어 눈에 별로 띄지 않는 모든 것을 놀라운 시선으로 바라보는 사람처럼 그녀는 갇혀 있다 풀려난 사람의 눈으로 보았다.

애니와 헬렌은 둘 다 어떤 세상을 공동으로 발견했다. 거기서는 모든 사물이 새로워 보였다. 애니는 처음 보는 것처럼 사물을 바라보며, 본 것을 헬렌의 손바닥에 적어주었다. 애니는 손에 쥐고 날개가 파닥이는 것을 느끼고, 날개가 무엇이며 '난다'는 게 뭔지 파악할 수 있도록 헬렌에게 나비를 잡아주었다.

또 애니는 병아리가 부리로 쪼고 막 나오는 달걀을 헬렌의 손에 쥐여주었다. "그 속에 조그만 존재가 있다는 것을 느꼈을 때 그 아이가 얼마나 놀랐는지는 이루 형언할 수 없어요." 이렇게 헬렌은 병아리며 달걀 껍질의 촉감이 어떠한지와 그것들의 이름이 어떠한지를 배웠다. 그리고 그런 직후 애니가 그 감촉을 느끼도록 꽥꽥거리는 새끼 돼지를 붙잡고 있자 헬렌은 이렇게 묻는 것이었다. "아기 돼지는 껍질 속에서 자랐나요? 수많은 달걀 껍질은 어디에 있나요?"

때는 봄이었다. 애니가 헬렌의 집에 와서 처음으로 맞이한 봄이었다. 애니는 흥분해 득달같이 계단을 뛰어 올라와서는 곧장 소피아 홉킨스에게 편지 썼다. "나는 무슨 일이 일어났는지 처음에는 설명할 수 없었어요. 그 아이가 몇 번이고 '개 – 아기'라는 철자를 적고는 순서대로 손가락을 가리키면서 그걸 빠는 것이었어요. 그때 어떤 개가 밀드레드를 물지 않았나 하는 생각이 퍼뜩 떠올랐어요. 그렇지만 헬렌의 환한 얼굴에 나는 안도의 한숨을 내쉬었어요. 하는 수 없이 나는 헬렌과 함께 아래로 내려가는 수밖에 없었어요. 아이는 나를 헛간으로 데리고 갔어요. 그런데 가서 보니 한쪽 구석에 어떤 세터[29] 개 한 마리가 다섯 마리의 귀여운 새끼들과 함께 누워 있는 것이었어요! 나는 헬렌에게 '강아지'라는 단어를 가르쳐주고는 젖을 빨고 있는 새끼들을 손으로 만져보게 했어요. 그 아이는 젖을 빠는 것에 대단한 관심을 보이며 여러 번이나 '엄마 – 개'와 '아기'라는 단어를 적어보는 것이었어요. 헬렌은 강아지의 눈이 감겨 있

---

29) 습지대 사냥에 적당한 영국산 사냥개. 꼬리 끝, 다리 뒤에 아름다운 털이 수북하고, 사람을 잘 따라 애완견으로도 기름.

음을 알아채고는 '눈들 – 감고 있다. 잠 – 아님'이라고 적었어요. 그녀는 이 말로 강아지가 사실 눈을 감고 있지만 자는 것은 아니라는 것을 표현하려고 했어요. 그 아이는 순서대로 모든 강아지를 암시한 다음 다섯 개의 손가락을 가리켰어요. 그래서 나는 그 아이에게 '다섯'이라는 단어를 가르쳤어요. 그런 다음 그 아이는 한 손가락을 공중에 치켜들고 '아기'라고 말했어요. 나는 그 아이가 자기 여동생 밀드레드를 말하고 있음을 눈치채고 '한 아기와 다섯 마리의 강아지들'을 적어주었어요. 그런 다음 그 아이는 한 강아지가 다른 강아지들보다 유독 작은 것을 알아채고, '작은'이라고 적었어요. 나는 '매우 작은'이라고 적어주었답니다. 그 아이는 '매우'라는 단어가 자신의 머릿속을 떠돌던 그 새로운 것을 지칭하는 말임을 즉각 알아챘습니다. 집으로 돌아오는 길에 아이는 그 단어를 아주 적절하게 사용했으니까요. 어떤 돌이 '작았고', 다른 돌은 '매우 작았습니다.' 그 아이는 자신의 어린 여동생을 만지면서 '아기는 작고, 강아지는 매우 작다'라고 말했어요."

이것은 둘이 함께 체험한 하나의 모험적인 사건이었다. 헬렌은 언어를 발견한 당사자였고, 애니는 언어를 발견하게 해주는 안내자 역할을 했다. "헬렌은 단어를 새로 배울 때마다 많은 다른 단어들을 배우고 싶은 또 다른 욕망이 생겨나는 것 같아요."

헬렌은 이렇게 단어를 찔끔찔끔 배우는 게 성에 차지 않아 '많은 단어 – 더 많은 단어'를 요구했다. 자신의 마지막 책인 《선생님:

앤 설리번 메이시》에서 그녀는 당시 단어에 대한 이러한 허기에 잡혀 있었음을 회상하고 있다. "젖을 빨려고 어머니 젖가슴을 찾는 젖먹이처럼" 그녀는 자신의 허기를 진정시켜 주는 선생님에게 이끌리는 느낌이었다.

선생님에게는 가르치는 것이 즐거움이자 충족이듯이 그녀에게는 배우는 것이 이와 마찬가지였다. 자신의 제자에게 감동 받은 앤 설리번은 자신이 하는 일을 '매일매일 더 재미있게' 생각한다. "헬렌은 놀랄 만한 아이이고, 너무나 자발적이고 배우려는 의욕이 강합니다. 그 아이는 지금 약 3백 개의 단어와 많은 관용구를 알고 있어요. 이는 살아 있는 정신의 깨어남이고, 성장이자 최초의 미약한 활동을 목격하는 보기 드문 행운입니다."

로라 브리지먼의 선생님과는 달리 앤 설리번은 종이와 연필을 이용해서가 아니라, 국외자局外者로서가 아니라 함께 가고 느끼며 주어지는 기회를 이용하는 동반자로서 그녀를 관찰한다. 헬렌은 굵기가 다른 커다란 진주들을 일정한 순서로 한 줄에 꿴다. 그러다가 무언가를 잘못했음을 알게 되면 어떻게 하면 진주들을 올바른 순서로 가지런히 배열할 수 있을까 궁리하느라 정신을 집중한다. "설리번 선생님은 내 이마를 만지고는 세게 힘을 주어 '생각하다'를 썼다. 나는 그 단어가 내 머리에서 일어나는 일의 경과를 지칭하는 말임을 즉각 알아챘다. 이는 어떤 추상적인 개념에 대한 최초의 의식적인 심상心象이었다."

애니는 모든 사물에 대해 어떤 생각이 떠오르게 한다. 불이며 웃음, 사랑이며 어둠, 직접 만져서는 설명할 수 없는 모든 것을 헬렌에게 다른 방식으로 또렷이 알려주어야 한다. 헬렌이 로라 브리지먼보다 훨씬 성공을 거둘 거란 사실이 이미 뚜렷이 드러난다. 그런데도 애니는 스스로 의구심에 가득 차 있다. "내가 이러한 일에 더 적합하다면. 나를 도와줄 누군가가 있다면! 헬렌한테 바로 내가 있듯이 내게는 한 분의 선생님이 필요해요. 내게 이 아이의 교육을 완수할 힘과 끈기가 있다면 내 인생의 주된 과업은 이 아이의 교육임을 난 알고 있어요."*

8.

문장을 짓기 시작하는
헬렌 켈러

애니가 헬렌의 집에 온 지 두 달 반이 되는 1887년 5월 중순이
었다. 애니는 헬렌과 함께 집 근처의 나무에 올라가 나뭇가지들
사이에서 그녀에게 알파벳을 가르친다. 그녀가 보스턴에서 가져
온 교재는 여섯 개의 점으로 이루어진 브라유[30] 점자點字가 아니
라 새뮤얼 하우가 고안한 보스턴 선문자線文字[31]로 작성되었다. 그

---

30) 루이 브라유(Louis Braille, 1809~1852): 1808년 프랑스 육군 장교였던 바르비에가 군사용 메
시지를 전달할 목적으로 발명한 야간용 문자를 기초로 시각장애인용 점자를 고안한 사람이다. 다섯
살 때 사고로 눈을 다쳐 시력을 잃었으나 끊임없는 노력으로 교사, 발명가로 활약하였다. 그는 위로
돋아 있는 크고 작은 6개의 점을 손가락을 이용하여 읽고 쓰는 문자 체계인 점자를 고안했다. 이 업
적을 기려 소행성 9969번이 '9969 브라유'로 이름 붙여졌다.

31) 프랑스의 하우이(Valentin Hauy, 1745~1822)가 로마체를 양각으로 인쇄하는 최초의 양각 선
문자를 창안하였고, 미국의 새뮤얼 하우 박사(Samuel Gridley Howe)는 로마체의 각도를 수정한

것은 띠 모양의 마분지에 정규 알파벳을 돋을새김한 문자로 만들어졌다.

애니는 헬렌의 한 손에 A를 적어주고 다른 손으로는 돋을새김 된 A를 손으로 더듬게 한다. 헬렌은 이러한 연관 관계를 즉각 이해하고 단 하루 만에 알파벳의 모든 문자를 배워버린다. 로라 브리지먼은 언어를 발견한 후 일 년이 지나서야 읽는 법을 배웠다. 헬렌에게는 글을 읽는 것이 이내 숨 쉬는 것만큼이나 살아가는 데 필수적인 것이 된다.

헬렌은 입문서를 침대로 가져가서는, 애니가 팔에 책을 낀 자신을 낚아채 가는 아침에 핑곗거리를 꾸며낸다. "책이 울고 있어요." 그리고 그녀가 '불안'이라는 단어를 아직 알지 못하므로 덜덜 떨면서 불안이라는 단어를 표현한다. 애니는 이러한 동작을 이해하고 그녀에게 그 단어를 가르쳐준다. 헬렌은 자신을 계속 정당화하기 위해 당장 이 단어를 써먹는다. "헬렌은 불안하지 않다. 책이 불안하다. 소녀 옆에서 책이 잠을 잔다."

이내 헬렌 켈러의 삶에서 책은 집의 창문만큼이나 중요해진다. 그 아이는 자신의 욕심만큼 빨리 읽는 법을 배우지 못한다. 더 이상 잠도 잘 수 없고, 식사도 하지 못할 정도로 완전히 신경이 곤두선다. 하는 수 없이 부모는 의사를 부른다. 의사는 아이

보스턴 선문자(Boston Line Type)를 개발하였다.

가 과로했다고 설명하고 몸을 돌보며 좀 쉬라고 충고한다. 하지만 헬렌은 자신의 몸을 돌볼 수 없다. 그녀는 일어나자마자 철자를 적기 시작하고 잠자리에 들 때야 비로소 그만둔다. 한번은 애니가 자신과 대화를 나누려고 하지 않자 그녀는 자기 자신과 대화하는 사람처럼 자신의 손바닥에 철자를 적는다. 애니는 그러지 못하게 하려고 한다. 하지만 흥분해 있을 때나 잠자리에 있을 때는 (로라 브리지먼처럼) 고령이 될 때까지 자기 자신과 대화를 계속할 것이다.

　헬렌은 대화해야 하고, 자기 생각을 전달해야 한다. 앤 설리번이 오고 석 달 후에 그 아이는 처음으로 '편지'를 쓴다. "나는 그 아이에게 브라유 석필을 주었어요. 기계적으로 종이를 찔러 구멍을 내면 정신이 흐트러져 마음이 진정될 것으로 생각해서요. 그런데 그 꼬마 마녀가 편지 쓰는 것을 보고 내가 얼마나 놀랐는지 모르겠어요! 나는 그 아이가 편지가 무엇인지 안다는 사실조차 파악하지 못했거든요. 내가 편지를 보낼 때 그 아이는 나와 함께 여러 번 우체국에 갔었어요. 그럴 때 내가 아마 선생님께 편지를 보낸다고 가끔 이야기했나 봐요. 그녀도 내가 가끔 '눈먼 소녀에게 보내는 편지'를 브라유 석필로 쓴다는 사실을 알고 있었어요. 하지만 나는 그 아이가 편지가 무엇인지에 명확하게 알고 있다고는 생각하지 못했어요. 하루는 그 아이가 구멍이 잔뜩 뚫려 있는 종이를 나한테 가져와서 봉투에 넣고는 우체국으로 가져가려 했어요. 그 아이는 이렇게 말했습니다. '프랭크 – 편지.' 나는 그 아이보고 프랭크에게 무슨 글을 썼느냐고 물어보았습니다. 그녀는 이렇게 대답하더군요. '많은 말들. 강아지 어머니 개 – 다섯. 아기 – 운다. 덥다. 헬렌 간다 – 아니다. 태양의 불빛 – 나쁘다. 프랭크 – 온다. 헬렌 – 키스한다 프랭크에게. 딸기 너무 좋다.'"

헬렌은 처음에 인쇄체와 비슷한 정사각형 글자로 쓰는 법을 배운다. 그것은 선들이 새겨 넣어져 있는 서판에 연필로 쓰는 글씨이다.

애니는 그 아이의 손가락을 돋을새김 된 A 위에 놓고, 아이의 손바닥에 A를 적는다. 그런 다음 서판으로 손을 가져가서 아이의 손에 연필을 쥐여주고는 자신이 느낀 철자를 새겨 넣은 선들 사이에 쓰라고 한다.

며칠 후 헬렌은 자신이 직접 쓴 최초의 문장을 어머니에게 보여준다. 이를 보고 케이트 켈러는 눈물을 흘린다. 아이는 어머니가 우는 것을 알아채고 묻는다. "헬렌이 나빠? 어머니가 울어."

그리고 며칠 후, 앤 설리번이 온 지 석 달 반이 되는 시점에 헬렌은 자신의 첫 번째 편지를 쓰고 보낸다. 그것은 그녀가 살아가면서 쓰게 되는 수천 통의 편지 가운데 최초의 편지이다. 그리고 그 편지는 자신의 여사촌 안나에게 보내는 편지이다.

1887년 6월 7일, 터스컴비아

헬렌 안나 쓴다 게오르게 헬렌 사과 준다 심프슨 새 쏜다
잭 헬렌 막대사탕 준다 의사 밀드레드 약 준다 어머니 밀
드레드 새 옷 만든다

(서명 없음)

이내 헬렌은 편지를 쓰는 데 대단한 열정을 보인다. 그 아이는 편
지를 받으면 기쁨에 넘쳐 그 속에 무슨 내용이 들어 있는지 애니에
게 '읽어달라'고 부탁한다. 이제 그 아이는 멀리 떨어져 사는 친척
들과도 연락을 취할 수 있게 된다.

그 아이의 삼촌인 제임스는 핫 스프링스에서 조카딸에게 편지를
쓰고 그곳으로 자기를 찾아오라고 초대한다. 그 아이는 온천이 무
엇인지 알고 있다. 터스컴비아와 그 주변에는 여러 개의 온천이 있
다. 그 아이는 온천의 물이 땅에서 솟아 나오는 것을 느꼈다. 그러
나 그 아이는 뜨거운 온천이 있다는 말은 아직 들어보지 못했다. 그
아이는 대체 누가 땅속에 불을 피웠는지 애니에게 물어보았다. 이
불이 아궁이 속의 불과 같은 것인지, 또는 그것이 나무나 식물의 뿌
리를 불태우지나 않는지 물어보았다. 애니는 자신의 능력껏 성실하
게 답변한다. 그리고 그녀의 어머니에게 편지를 보여줄 생각이었으
므로 계속 꼬치꼬치 캐묻지 않는 것을 다행으로 생각한다. 애니는

헬렌이 종이를 눈앞에 바짝 갖다 대고 손가락으로 단어를 하나하나 적으며, 그녀의 어머니 앞에 서서 자신이 그 아이에게 '낭독'해준 대로 흉내 내는 것을 지켜본다.

나중에 케이트 켈러와 애니는 헬렌이 여동생 밀드레드에게 편지 읽어주는 모습을 문에서 목격한다.

"벨은 잠꾸러기였고, 밀드레드는 주의가 산만했어요. 헬렌은 무척 진지해 보였고, 밀드레드가 편지를 빼앗으려 하면 참지 못하고 손을 붙잡았어요. 마침내 벨은 일어서서 몸을 흔들어 털고는 가려고 했답니다. 하지만 헬렌은 개의 목덜미를 잡고는 다시 억지로 주저앉히더군요. 그러는 사이 밀드레드는 편지를 집어 들고 개와 함께 살금살금 달아났어요. 헬렌은 바닥을 손으로 더듬어 보았습니다. 편지를 찾지 못하자 밀드레드를 의심하는 것 같았어요. 여동생을 부를 때 내곤 하는 나지막한 소리를 질렀기 때문이었어요. 그런 다음 그 아이는 몸을 일으키더니 '토닥토닥'하는 밀드레드의 발소리를 들으려는 듯 잠시 그냥 서 있더군요. 발소리가 나는 방향을 알아채자 그 아이는 꼬마 범죄자한테 급히 달려갔어요. 그런데 자기의 어린 여동생이 그 편지를 질겅질겅 씹고 있는 것을 확인해야 했습니다! 헬렌은 너무나 어처구니가 없었습니다. 그 아이는 동생에게서 편지를 빼앗고는 찰싹 소리가 나도록 동생의 조그만 손을 때렸어요. 켈러 부인은 아기를 팔에 안았습니다. 부인이 아기를 달랜 후 나는 헬렌에게 물었습니다. '아기에게 무슨 행동을 했니?' 그 아이는 어쩔 줄 몰라 하는 표정을 지으면서 잠시 대답을 머뭇거렸어요. 그런 다음 이렇게 말하더군요. '못된 아기가 편지를 먹었어요. 헬렌은 아주 못된 소녀를 때렸어요.' 그래서 나는 밀드레드가 아직 너무 어려서 편지를 입에 넣는 것이 잘못된 행동인지 알지 못한다고 일러 주었습니다. '나는 아기에게 안 된다고 말했어요, 몇 번이나.'라고 헬렌이 대답했어요. 나는 이렇게 말했습니다. '밀드레드는 네가 손가락으로 하는 말을 알지 못해. 그러니 우리는 아기를 무척 사랑스럽게 대해야 해.' 그 아이는 고개를 가로저었어요. '아기 - 생각하지 못한다. 헬렌은 아기에게 멋진 편지를 준다.' 그리고 그 아이는 계단을 뛰어 올라가더니, 그 위에 글자를 몇 자 적고 말끔하게 접은 브라유 전지全紙를 가지고 되돌아왔습니다. 아이는 그 전지를 밀드레드에게 주면서 이렇게 설명했습니다. '아기는 어떤 말이나 먹을 수 있다.'"*

9.
언어에 감격하는 헬렌 켈러

애니와 헬렌은 야외에서 여름을 보냈다. 조랑말 한 마리를 받은 헬렌은 말타기를 배웠다. 추측건대 애니도 터스컴비아에 와서야 말타기를 배웠던 모양이다. 어쨌거나 나중에 그녀는 말과 거친 말타기에 열정을 보였다. 애니는 고삐를 잡았고, 헬렌은 말의 신체의 움직임에 적응하는 법을 배웠다. 코에서는 말의 냄새가 났고, 얼굴엔 태양이 내리쬐었다. "내가 사물들과 친숙해질수록 다른 세계와 친근하다는 생각에 더욱 흐뭇한 기분이 들었다."

헬렌이 말을 탈 기분이 아닐 때는 둘은 손에 손을 잡고 멀리 테네시로 산책가서 따뜻한 풀밭에 앉은 다음 애니가 헬렌을 가르쳤다. "조그만 별똥별처럼 그녀의 말들은 아이의 손 위를 미끄러졌다." 헬렌은 태양과 비가 나무와 과일을 자라게 한다는 사실을 배웠다. 그리고 새들이 둥지를 짓는 법과 동물들이 무얼 먹고 사는지 배웠다.

그 아이는 자연과 직접 자신만의 고유한 경험을 하기도 했다.

"하루는 선생님과 내가 멀리 산책갔다가 돌아오는 길이었다. 아침에는 날씨가 좋았지만 집에 돌아오려고 했을 때는 찌는 듯이 무더워졌다. 우리는 몇 번이나 길가의 나무 아래에서 쉬었다 가곤 했다. 집에서 그리 멀리 떨어지지 않은 곳에 있는 벚나무 아래에서 우리는 마지막으로 휴식을 취했다. 그늘은 쾌적했고, 나무는 오르기가 수월해서 나는 선생님의 도움으로 가지에 올라 자리를 잡았다. 나무 위가 하도 시원해서 설리번 선생님은 여기서 점심을 먹고 가자고 했다. 선생님이 점심을 가져오려고 집에 가는 동안 나는 잠자코 앉아 있겠다고 선생님에게 약속했다.

일순간 상황이 급변했다. 태양의 열기가 공기 중에서 사라져버린 것이다. 나는 하늘이 온통 먹구름으로 뒤덮인 것을 알아챘다. 내게는 빛을 의미했던 모든 열기가 사라졌기 때문이다. 땅에서 이상한 냄새가 피어올랐다. 나는 그 냄새를 알고 있었다. 바로 뇌우가 올 때 나는 냄새였다. 내 가슴은 알 수 없는 두려움에 오그라들었다. 나는 친구들이며 단단한 땅으로부터 격리된 채 고립무원인 상태에 있음을 느꼈다. 무한한 것과 미지의 것이 나를 에워쌌다. 나는 선생님이 그리워졌지만, 무엇보다도 나무에서 내려가고 싶었다.

커다란 불행을 예고하는 적막감이 감돌았다. 하지만 그런 다음에는 모든 가지가 흔들리기 시작했다. 나무가 마구 흔들렸고, 나를 내동댕이칠지도 모르는 거센 바람이 일기 시작했다. 온 힘을 다해 가지를 꼭 붙잡고 있어도 금방이라도 나무에서 떨어질 것만 같았다. 나무가 이리저리 요동쳤다. 작은 가지들이 부러지면서 내 주변의 땅에 떨어졌다. 내려가고 싶은 생각이 간절했지만 두려움에 사로잡혀 온몸이 얼어붙는 듯했다. 나는 가지가 나누어지는 곳까지 기어 내려왔다. 그리고 어떤 무거운 물체가 떨어지는 것 같은 심한 흔들림을 느꼈다. 그 충격은 내가 앉아 있는 가지에까지 전달되었다. 나의 흥분은 점차 커졌다. 나와 함께 나무가 쓰러질지도 모르겠다고 생각한 바로 그 순간, 선생님이 내 손을 잡고 밑으로 내려주었다."

이런 일이 있고 난 다음부터 오랫동안 헬렌은 더 이상 나무에 오르지 않았다. 그러다가 어느 봄날 아침 혼자 별채에 앉아 글을 읽고 있는데 느닷없이 놀라운 냄새가 그 아이의 콧속으로 스며들었다. 그것이 미모사 꽃향기인 것을 알아챈 그 아이는 일어나서 정원을 가로질러 미모사 나무가 있는 곳으로 길을 더듬어 갔다. 그곳에서 그 아이는 한순간 망설였다. 그런 다음 가지들 사이에 발을 얹고는 풀쩍 뛰어올라 나무 위로 계속 기어 올라갔다. 그러다가 누군가가 전에 마련해둔 나무 위의 자리에 도달했다. 그곳에서 그 아이는 미모사 꽃향기에 취해 앉아 있었다. 그 아이는 자기가 땅에서 얼마나 높이 올라왔는지, 자기 위의 하늘이 얼마나 높은지는 알지 못했지만 그래도 마냥 행복하기만 했다.

그 아이는 '철자를 적는 놀라운 힘'과 선생님의 감정이입 능력의 덕택으로 자신을 세상의 한 부분으로, 세상에 속하는 일원으로 느꼈다. "선생님은 우리가 도달하거나 느낄 수 있는 모든 것과 직접 감각으로 접촉하게 해주었다. 태양으로 가득한 여름날의 휴식, 불빛 속에서 비눗방울의 떨림, 새들의 지저귐, 폭풍우의 분노, 곤충들의 붕붕거림, 나무들의 수런거림, 비단의 살랑거림, 문의 삐걱거림, 그리고 내 혈관 속의 피의 맥박과 접촉하게 해주었다."

둘은 함께 낚시하러 다녔고, 헬렌은 자기가 직접 잡은 물고기를 먹었다. 이들은 조그만 가게를 열어 상품들을 갖추어 두었다. 이리하여 헬렌은 가정에서 사용하는 물건들의 이름을 배웠다. 이들은 진짜 돈을 사용했으며, 헬렌은 동전을 알아보고 돈 바꾸는 법을 배웠다. 이 모든 생각을 한 당사자인 애니는 평소에는 참을 수 없고, 자제할 수 없던 어떤 질문에도 되도록 참을성 있게 대했다. "'왜'는 성문인 셈이며, 그 성문을 통과하여 그 아이는 생각과 확신의 세계에 발을 내딛는 것이다."

진작부터 애니는 헬렌이 비범한 아이이며, 비상한 관심을 끌 거라는 사실을 알고 있었다. 이미 일반 사람들이 그 아이에게 관심을 보이기 시작했다. 애니는 터스컴비아에 온 지 겨우 석 달이 되자 이미 헬렌이 일찍 명성을 떨칠지도 모른다는 위험한 예감을 하게 된다. 아직 그녀는 시기 질투하는 사람들로 인해 헬렌이 상처받지 않기를 바란다. 그녀는 소피아 홉킨스에게 보낸 자신의 편지를 아무에게 보이지 말라고 부탁한다. "내가 피할 수 있다면 나의 아름다운 헬렌이 신동 취급을 받아서는 안 됩니다."

'나의 아름다운' 헬렌. 어떤 사람도 더는 사랑하지 않고, 자신의 남편조차 사랑하지 않는 앤 설리번이 벌써 이 아이를 사랑하기 시작했다. 그녀는 나중에 자신의 전기 작가에게 헬렌이야말로 자신의 삶에서 유일하게 밝은 것이라고 술회할 것이다. 그녀가 헬렌을 사랑한 것은 동정심 때문이 아니며, 그녀가 귀먹고 눈멀기 때문에도 아니다. 그녀는 헬렌이 귀먹고 눈멀었지만 사랑한다. 그녀는 정상적인 아이에게 하듯이 헬렌에게 많은 요구를 한다. 그녀는 자신이나 헬렌의 몸을 아끼지 않고, 헬렌이 질문하는 모든 것과 자신이 6년 동안의 학교 교육으로 배우지 못한 모든 것을 가능한 한 주워 담기 위해 자신의 눈을 혹사한다. 그녀가 헬렌의 집에 온 지 채 몇 달이 안 되어 그녀의 눈은 부어올랐으며, 눈물이 흐르고 따끔거렸다. 헬렌은 이런 사실에 대해 아무것도 알지 못한다. 애니가 글을 읽기 위해 자신의 눈을 얼마나 혹사했는지 헬렌은 몇 년 동안이나 전혀 알지 못한다. 훨씬 나중에야 비로소 헬렌은 자신의 선생님이 메스꺼움과 두통으로 가끔 침대에 드러누워야 한다는 사실을 알게 된다. 그리고 젊은 처녀가 되어서도 애니의 눈이 얼마나 아픈지 제대로 알지 못한다.

애니는 아침부터 밤까지 헬렌을 상대한다. 때로는 아이와 뛰어다니며 놀아주는 놀이 상대로, 그런 다음에는 다시 어떤 것도 그냥 넘어가지 않는 가혹한 교육자로 대한다. 헬렌에게 손톱을 깨무는 습관이 있어서 하루는 아이의 뺨을 때리고 두 손을 등에 묶는다. 이로써 그녀는 아이가 손톱을 깨물지 못하게 할 뿐만 아니라 헬렌에게 가장 가혹한 벌을 자신에게 전달하는 기회도 얻는다. 헬렌은 선생님이 이런저런 심한 조처를 해도 선생님을 별로 나쁘게 생각하지 않은 것 같다. 헬렌은 살아가면서 선생님에 대해 쓴 글마다 무한한 감사와 사랑을 표현하고 있다. "선생님은 나와 너무 가까이 붙어 있어서 선생님과 떨어져 있다는 느낌을 받지 못한다."

애니과 헬렌 사이에는 무언가 삼투 현상 같은 것이 일어난다. 애니는 그 아이가 필요로 하는 것을 파악하는 제6감을 지니고 있다. 그녀는 주어야 하는 모든 것을 그 아이에게 준다. 그리고 그녀는 아이의 마음속에 언어에 대한 관심을 일깨울 필요가 없게 된다. 늦어도 펌프 가에서 깨달음을 얻은 그 순간부터는 헬렌은 항상 언어에 관심을 갖는다. "단어들 자체가 내게 일종의 마술을 행사했다."

헬렌은 마치 착한 요정한테서 선물을 받은 것처럼 애니에게서 언어를 받아들였다. "언어들이 문자 그대로 내 손바닥에 번개를 쳤다." 언어에 대한 열정에서 둘은 스스로를 찾고 발견했다. 두 사람에게 언어는 단순한 의사소통 수단 이상이었다. 이는 외부 세계와 둘을 연결해주는 살아 있는 생물체였다.

헬렌은 추측건대 언어가 애니만큼이나 중요한 의미를 지녔던 최초의 사람이었다. 애니는 나중에 언어에 대한 자신의 감동을 이렇게 표현했다. "언어란 무언가 놀라운 것이에요! 하지만 사람들이 언어에 대한 생각을 왜 그렇게 안 하는지 모르겠어요! 그렇지만 언어란 삶에서 가장 놀라운 사실 가운데 하나입니다. 말이나 문자의 도움으로 생각은 한 사람의 정신을 다른 사람의 그것과 분리하는 장벽을 뛰어넘습니다. 그렇지만 사람들은 이러한 기적을 그냥 대수롭지 않게 생각합니다. 간단한 몇 마디의 말로 우리는 서로에게 우리의 마음을 열어줍니다. 우리가 생각하고 말하고 이념을 지니고 있다는 것, 우리가 그 이념을 다른 사람들에게 이해시키기 위해 적는다는 것, 낯선 사람들과 대화를 나누고, 우리의 동시대 사람들이 무슨 일을 하는지 지인이나 신문을 통해 알아내는 것, 인쇄된 글자를 통해 죽은 사람들과 접촉하는 것, 이들의 추억을 생생하게 간직하는 것, 이 모든 것은 확실히 존재의 기적입니다."

언어에 감격한 두 사람, 스물한 살짜리 소녀와 비범하고 필경 천재적인 일곱 살짜리 아이, 그렇지만 아직 어린이에 불과한 앤 설리번이 헬렌의 집에 도착한 지 정확히 넉 달이 된 7월 어느 날. 헬렌은 돌멩이를 유리잔에 집어넣느라 정신이 없었다. 그러다가 유리잔을 깨뜨릴까 봐 겁이 난 보모인 비니가 아이에게서 유리잔을 빼앗았다. 그러자 아이는 도저히 참을 수 없게 되어 말다툼이 벌어지게 되었다. 헬렌은 옛날, 그러니까 두 달 전에 그랬던 것처럼 때리고 할

퀴었다(물 펌프에서 그 일이 있고 나서부터 헬렌은 그런 행패를 부리지 않았다). 힘들여 얻은 땅을 도로 빼앗길까 봐 겁이 난 애니는 아이를 외면하고 가까이 다가오려는 아이를 물리치는 것으로 헬렌을 벌주었다.

헬렌은 처음에는 완강한 모습을 보인다. "헬렌은 선생님을 좋아하지 않아. 헬렌은 어머니를 좋아해. 어머니라면 비니를 마구 때려 줄 거야." 하지만 어느덧 애니는 헬렌에게 너무 중요한 사람이 되어 있어 그녀의 외면을 헬렌은 참을 수 없게 된다. 애니는 이런 사실을 주저 없이 철저히 이용한다. 애니는 점심때 아무것도 먹지 않는다. 그리고 자기는 슬퍼서 먹을 수 없다고 아이에게 설명한다. 헬렌은 울고 훌쩍이기 시작하며 애니에게 매달린다.

점심을 먹고 난 뒤 헬렌은 너무 흥분해 있다. 애니는 메뚜기를 가지고 아이의 기분을 바꾸어 주려고 한다. 그러나 헬렌은 기분 전환이 되지 않는다. 이미 그 아이에게는 애니와의 관계가 다른 무엇보다 더 중요하다. "곤충이 버릇없는 아이에 관해 알 수 있을까? 곤충은 무척 행복할까?" 또한 그 아이는 다른 모든 생물체는 분명 행복할 것으로 생각하고, 이 세상에서 자기 자신만 유일하게 불행한 피조물이라고 간주한다. 그 아이는 애니의 목에 팔을 감고 약속한다. "내일 난 사랑스러워져요. 헬렌은 매일 사랑스러워요." 하지만 애니는 이것으로 성이 차지 않는다. 그녀는 헬렌이 비니에게 사과하기를 바란다. 헬렌은 미소 짓는다. "비니는 글을 알지 못한다." 둘은 함께 비니에게 가서 애니가 헬렌의 사과를 대신 전달하기로 하는 데 의견 일치를 본다. 헬렌에게는 다른 선택의 여지가 없다. 애니가 절대 필요한 그 아이로서는 애니의 말에 따르는 수밖에 없다. 하지만 비니가 자신을 껴안고 입맞춤했을 때 헬렌은 꼼짝 않고 그녀가 하는 대로 내버려 둔다. 그 아이가 애니에게 예속되어 있다 해도 자신의 감정마저 부인할 정도는 아닌 것이다. 그녀는 굴복하지만 억지로 마음에도 없는 행동은 하지 않는다.*

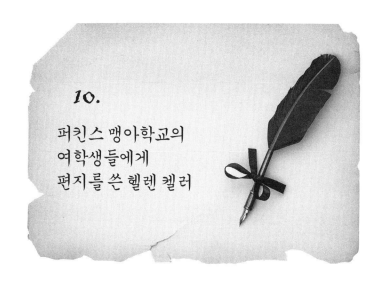

10.

**퍼킨스 맹아학교의
여학생들에게
편지를 쓴 헬렌 켈러**

앤 설리번이 헬렌의 집에 온 지 반년이 지난 9월에 헬렌은 퍼킨스 맹아학교의 여학생들에게 처음으로 편지를 쓴다.

1887년 9월, 터스컴비아

헬렌이 앞을 못 보는 어린 소녀들에게 편지를 쓴다 헬렌과 여선생님은 앞을 못 보는 어린 소녀들을 만나러 간다 헬렌과 선생님은 증기 기관차를 타고 보스턴으로 간다 헬렌은 앞을 못 보는 소녀들과 놀 거다 앞을 못 보는 소녀들은 손가락으로 말할 수 있다 헬렌은 애너그노스 선생님을 만날 거고 애너그노스 선생님은 헬렌을 사랑하고 입맞춤을 할 거다 헬렌은 앞을 못 보는 소녀들과 학교에 갈 거다 헬렌은 앞을 못 보는 소녀들처럼 읽고 셈하고 철자를 적고 쓸 수 있다 밀드레드는 보스턴으로 가지 않는다 밀드레드는 운다 프린스와 점보는 보스턴으로 간다 아빠가 총으로 오리를 쏘면 오리는 물속으로 떨어진다 점보와 마미는 물속을 헤엄쳐 들어가서 오리를 입에 물고 아빠에게 가져다준다 헬렌은 개들과 놀고 선생님과 말을 탄다 헬렌은 손으로 핸디에게 풀을 준다 선생님은 빨리 달리도록 핸디를 채찍으로 때린다 헬렌은 앞을 보지 못한다 헬렌은 앞을 못 보는 소녀들을 위해 편지를 봉투에 넣는다

건강을 빌며
헬렌 켈러가

7월 말에 앤 설리번은 헬렌에게 브라유 알파벳을 가르치기 시작했다. 9월 초에 헬렌은 이미 손가락 문자, 정사각형 글자, 보스턴 선문자, 브라유 점자와 같은 네 가지 종류의 알파벳을 알게 되었다. 이러한 믿을 수 없는 성공은 퍼킨스 맹아학교에도 도움이 될 수 있을 정도였다. 그러므로 추측건대 마이클 애너그노스가 1887년 가을, 남부의 맹아학교를 방문했을 때 예정에도 없이 터스컴비아에 들른 것이 개인적인 관심 때문만은 아니었다. 애너그노스 선생님은 전문가였다. 그는 헬렌이 얼마나 비범한 학생인지 대번에 알아보고, 그 아이와 어머니, 애니를 보스턴으로 초대한 것이다.

110

케이트 켈러는 초대를 받고 적이 망설였다. 애너그노스는 신신당부했으며, 헬렌이 학교에서 책을 구경하고 선생님이며 다른 아이들을 만날 수 있을 거라고 말했다.

켈러 부인은 자명하게도 남편이 동의한다는 조건으로 그러겠노라고 말했다. 최종 결정을 내리는 사람은 남편이기 때문이었다. 보스턴으로 되돌아가자마자 애너그노스 선생님은 헬렌과 애니를 다음 해에 초대하기 위해 아서 켈러에게 편지를 썼다. 아서 켈러가 귀먹고 앞 못 보는 자신의 딸 켈러를 돌봐줄 사람을 보내줄 수 있는지 애너그노스에게 문의한 지 약 반년 만의 일이었다.

성탄절이다. 헬렌은 난생처음 의식적으로 성탄절을 체험한다. 헬렌과 애니가 계단을 내려가자 케이트 켈러가 이들을 기다리고 있다. 부인은 눈물을 글썽이며 '애니 양'에게 다가가 애니를 자기들 집에 보낸 것에 날이면 날마다 하나님께 감사한다고 말한다. 하지만 이날 아침에야 비로소 애니가 자기 가족에게 얼마나 축복스러운 존재인지 새삼 분명히 깨달았다는 것이다. 아서 켈러는 너무 감동한 나머지 한 마디도 말을 꺼내지 않는다. 그는 단지 아무 말 없이 자기 손으로 애니의 손만 잡을 따름이다.

그리고 그는 자신의 부인과 마찬가지로, 처음으로 맞은 성탄절 축제에 대한 애니의 기억이 어떠한지 알지 못하며, 결코 알지 못할 것이다. 애니의 어머니는 아파서, 너무 아파서 침대에 누워 있어야

한다. 옆방에는 아버지와 그의 술친구가 고래고래 소리를 지르고
있다. 어머니는 도저히 참지 못하고 애니를 아버지에게 보내 친구
들을 집에 보내는 게 좋겠다고 전하게 한다. 머리카락과 수염이 붉
고, 취한데다 노래를 불러 얼굴이 불그스레해진 아버지는 애니의
얼굴을 사정없이 때린다.

돋을새김 된 아이들 이야기책에서 헬렌은 할아버지라는 단어를
접한다. 처음에 그 아이는 할아버지가 무슨 말인지 애니에게 물은
다음 할아버지가 어디에 계신지 어머니에게 묻는다. 케이트 켈러는
할아버지가 돌아가셨다고 아이에게 말한다. 헬렌은 "아버지가 할
아버지를 쏘았어요?" 하고 묻는다. 그 아이로서는 아주 자연스러운
질문이다. 아버지가 사냥꾼이라서 오리며 사슴이며 다른 동물들을
쏜다. 헬렌은 부엌에서 죽은 동물들을 요리한다는 사실을 알고 있
다. 그런 다음 그것들이 식당으로 날라지면 헬렌은 마음을 굳게 먹
고 이런 말을 덧붙인다. "난 저녁에 할아버지를 먹을 거야."
그 아이는 세계를 일단 스스로 재구성해야 한다. 듣고 볼 수 있는
아이들이 나중에 자신들이 배웠다는 사실을 더는 기억하지 못하고
'늘 진작부터' 알고 있었다고 생각할 정도로 일찍이 배우는 모든 것
을 일곱 살 난 아이는 서서히 자기 것으로 만들어 가야 한다. 그 아
이에게는 자명한 것이 아무것도 없다. 그 아이에게는 하늘이 있다
는 사실조차 당연한 것이 아니다. 그리고 하늘의 색깔이 어떠한지

도 아직 잘 모르고 있다.

언어를 발견함으로써 지금까지 한결같이 회색이었던 그 아이의 세계가 색깔을 띠게 된다. 하늘은 푸른색이고, 땅은 갈색이다. 그 아이는 모든 사물의 색깔을 알려고 한다. "생각은 어떤 색깔인가요?" 애니는 밀드레드의 눈이 푸른색이라고 아이에게 말해준다. "조그만 하늘처럼 말인가요?" 하고 그 아이는 묻는다.

앤 설리번은 소피아 홉킨스에게 이렇게 편지 쓴다. "그 아이가 보고 들을 수 있었던 생후 18개월 동안 받은 색깔에 대한 인상이 완전히 사라지지는 않았나 봐요. 우리가 보거나 들은 모든 것이 어딘가 기억의 언저리에 남아 있는 모양이에요. 다시 명확히 인식하기에는 너무 불분명하고 혼란스러울지도 모르겠어요. 그렇지만 날이 어둑어둑해지면서 우리 시야에서 사라지는 풍경처럼 기억이 남아 있는 게 분명해요."

1888년 5월 말 애니, 헬렌, 그리고 헬렌의 어머니는 신시내티와 워싱턴을 거쳐 보스턴으로 여행을 떠났다.

신시내티에서 개최된 의사 회의에는 헬렌의 삼촌 제임스가 참가했다. 의사인 제임스 켈러는 전문의에게 가서 또 한 번 헬렌을 검사해보라고 말했다. 헬렌에게 청각이 있는지 알아보기 위해 사람들은 가능한 온갖 시도를 해보았다. "참석한 모든 사람은 헬렌이 피리 소리뿐 아니라 사람이 내는 보통의 소리도 듣는 것 같아 놀라워했어요."라고 애니가 보고했다. "그 아이는 머리를 돌리고, 미소 지었으며, 사람들이 하는 말을 알아듣는 듯 행동했습니다. 나는 그 아이의 옆에 서서 내 손으로 그녀의 손을 잡았어요. 나는 그 아이가 나한테서 인상을 받았을 것으로 생각해 그 아이의 손을 탁자에 얹고, 나는 맞은편의 벽으로 물러갔어요. 의사들은 다시 한 번 실험을 했지만 결과는 전혀 다르게 나왔어요. 헬렌은 전혀 관심을 보이지 않았고, 들은 말을 이해했다는 아무 반응도 보이지 않았어요. 나의 제안으로 한 의사가 그 아이의 손을 잡았어요. 그랬더니 다시 그 아이가 무얼 좀 이해했다는 듯이 행동했어요. 그 아이에게 말을 걸기 무섭게 표정이 변했어요. 하지만 이번에는 아까 내가 그 아이의 손을 잡았을 때처럼 표정이 눈에 띄게 밝지는 않았어요."

실험 결과 헬렌은 조금도 보고 듣지 못한다는 사실이 밝혀졌다. 애니, 헬렌, 그리고 그녀의 어머니는 그레이엄 벨을 만나기 위해 워싱턴으로 계속 길을 떠났다. 그는 바로 2년 전에 퍼킨스 맹아학교에 문의해보라고 헬렌의 어머니에게 충고한 사람이었다. 헬렌은 즉각 그를 다시 알아보고, 그가 손가락으로 대화할 수 있다는 사실에 깜짝 놀라며 기뻐했다.

그는 헬렌의 발전에 대해 자신이 얼마나 놀랐는지 그녀에게 밝히지 않았다. 하지만 앤 설리번에게는 그 아이를 어떤 방법으로 가르쳤는지 온갖 것을 꼬치꼬치 물어보았다. 그래서 애니는 아무런 방법을 쓰지 않았음을 고백하지 않을 수 없었다. 자신도 농아 교사인 벨이 그녀의 작업 방식에 무한한 경탄의 말을 늘어놓았으나 애니는 어느덧 수세에 몰리게 되었다. 앤 설리번은 일찍이 이런 말을 들어 본 적이 없었다. 그럼에도 둘은 친구가 되었다.

언젠가 후에 애니가 자신의 교양이 부족한 것을 하소연하자 벨은 이렇게 위로의 말을 했다. "적어도 너는 미리 정해진 어떤 견해로 부담을 받지는 않았어. 그런데 그게 너의 장점이야. 너는 특정한 모범이 없이 네가 맡은 과제를 밀고 나갔어. 너 자신의 개성이 너무 강해서 헬렌의 개성을 억누를 필요가 없었어. 소수파에서 외톨이로 지내기는 힘들지만, 그것이 자극을 주기도 하거든. 너는 다른 사람들로부터 배우지 않았다는 사실에 그리 큰 의미를 부여하지 않았어. 다른 사람들에게서 배우는 것은 우리가 스스로에게 가르치는 것만큼 많은 값어치가 있는 게 아니야."

워싱턴에서 헬렌, 애니, 헬렌의 어머니는 클리블랜드 대통령[32]의 영접을 받기도 한다. 그리하여 애니와 헬렌의 첫 공동 여행은 벌써 조그마한 개선 행진이 된다. 헬렌은 겨우 여덟 살이고, 애니는 스물두 살이다.

---

32) 그로버 클리블랜드(Grover Cleveland, 1837~1908): 제22, 24대 미국 대통령. 재직하는 동안 민주당원들의 임명 청탁을 거절했고, 수천 개의 직업을 후원체제에서 직업공무원체제로 전환시켰다. 고율의 보호관세 정책에 반대, 관세 인하를 강력하게 주장했다. 공화당 대통령 후보인 벤저민 해리슨에게 패한 후 뉴욕시에서 변호사로 활동하다가 다시 대통령에 당선되었다. 외교 정책 면에서 영토 확장에 반대했고, 해리슨 행정부가 협상한 하와이 합병조약을 상원에서 철회시켰다. 은퇴 후 프린스턴대학교에서 강의를 맡았다.

모교를 떠난 지 1년 3개월 후에 애니는 성공을 거둬 칭찬받으며 퍼킨스 맹아학교에 되돌아왔다. 헬렌은 처음으로 다른 아이들과 놀 수 있었고, 그러면서 말로 이들과 의사소통을 할 수 있었다.

필경 그 아이는 이 여행을 통해 비로소 언어가 보편적인 의사소통 수단임을 파악한 모양이었다. 지금까지 언어는 애니나 아주 가까운 가족과의 대화를 가능하게 해주었다. 그런데 이제 그 아이는 생판 모르는 사람과도 의사소통이 가능하다는 경험을 하게 되었다. 그렇지만 자서전에서 그녀는 퍼킨스 맹아학교의 아이들 역시 손가락으로 글을 읽는다는 사실을 알고 느꼈던 놀랍고도 아픈 기억도 떠올리고 있다. "나는 나 자신의 장애를 의식하고 있음에도 불구하고 이들은 들을 수 있으므로 무언가 '제2의 얼굴' 같은 것을 지니고 있으리라 생각했었다." 자신이 '앞을 못 보는 어린 소녀들'에게 편지를 쓰긴 했지만 이 소녀들도 자신처럼 앞을 못 본다는 사실을 뚜렷이 실감하지 못했다. 애니는 그녀에게 그 소녀들이 들을 수는 있다고 이야기해주었다. 그래서 그녀는 무의식적으로 이들은 '어떻게든' 글을 읽을 수 있으리라 간주한 것이다.

귀가 들리지 않으면 세상으로부터 단절된다. 귀가 먹은 사람은 세상으로부터 버림받은 채 앞을 못 보는 사람보다 훨씬 자신 속에 꽁꽁 갇히게 된다. 그래서 나중에 헬렌 켈러는 앞을 못 보는 것과 귀가 들리지 않는 것 중에 선택할 수 있다면 어떤 것을 고르겠느냐는 질문에 자기는 아무것도 듣지 못하는 것보다는 차라리 아무것도 보지 못하는 것이 더 낫다고 대답하기도 했다(하지만 그녀는 일평생 앞을 못 보는 사람들의 처지를 개선하기 위해 온 힘을 기울였다).

애니는 헬렌에게 로라 브리지먼에 관해 많은 이야기를 들려주었다. 헬렌은 그녀가 자기처럼 앞을 못 보고 듣지 못했으며, 애니가 가져다준 인형이 입은 옷을 그녀가 꿰맸다는 사실을 알고 있었다. 헬렌은 그때 그 인형을 땅바닥에 내동댕이쳤었다. 그 아이는 자신과 로라 둘 다 푸른 눈에 갈색 머리카락을 지녔다는 사실도 알고 있었다. 그 아이는 둘이 거의 같은 나이에 눈멀고 귀먹었으며, 거의 같은 나이에 처음 교육받았다는 사실도 알고 있었다. 물론 로라 브리지먼은 그녀보다 쉰 살이 더 많았다.

애니와 헬렌이 로라를 방문할 때 그녀는 집의 창가에 앉아 뜨개질을 하고 있다. 그녀는 애니를 대번에 알아보고 그녀가 다시 와준 것을 기뻐한다. 애니는 그녀에게 헬렌을 소개하면서 두 사람이 손을 맞잡게 해준다.

얼굴을 더듬어 만지면서 사람들을 '보는' 데 습관이 된 헬렌은 하필이면 로라 브리지먼의 제지를 받는다. "숙녀를 만날 때는 그렇게 건방지게 행동해서는 안 된단다!" 헬렌은 로라의 얼굴을 만지려는 생각을 그만두고 그녀가 뜨개질하고 있는 뾰족한 바늘의 촉감을 느껴본다. 뾰족한 바늘이 그 아이의 손에서 빠져나가고, 로라 브리지먼은 그 아이의 손을 쾅쾅 두드린다. "네 손이 분명 깨끗하지 않은 모양이구나." 헬렌은 땅바닥에 앉는다. 로라 브리지먼은 그 아이를 위로 일으켜 세운다. "깨끗한 옷을 입고 있을 때는 땅바닥에 주저앉으면 안 된단다. 그러면 더러워지잖아. 넌 아직 많이 배워야겠구나!"

몇 년 뒤 헬렌 켈러는 이 방문에 대해 이렇게 썼다. "로라 브리지먼은 내가 그림책에서 빠져나온 못된 꼬마 소녀라는 느낌을 받았다."

로라 브리지먼은 그로부터 1년 뒤인 1889년 5월 24일, 쉰아홉의 나이로 세상을 떠났다.

헬렌이 정규 수업을 받기에는 아직 마음이 너무 불안정하다는 사실이 밝혀졌다. 하지만 그녀는 매일 특정한 시간에 맹인도서관에서 시간을 보낼 수 있도록 허락을 받았다. 그곳에서 그녀는 서가에서 서가로 돌아다니며 책들을 끄집어내어 읽고 또 읽었다. 비록 어떨 때는 열 개의 단어 중에서 한 개밖에 이해하지 못했지만 말이다. 겨우 몇 년 전만 해도 그녀의 선생님도 독서에 똑같은 허기를 안고 같은 장소에서 마구 책을 읽었다. 애니뿐만 아니라 헬렌에게도 일평생 책들은 세상을 내다보는 창이자 눈이 될 것이다. 이 눈으로 둘은 바깥세상을 내다볼 수 있다. 그리고 이것뿐만 아니라 자신의 신체에서 떠날 기회를 얻게 된다. "그런데 종이 날개를 나부끼며 나는 것은 얼마나 쉬운 일인가!"

이처럼 책에 눈을 뜨게 된 헬렌 켈러는 이미 스물한 살의 나이에 유명 인사가 되어 명문 래드클리프 여자대학교[33]에 입학한다. 그녀는 손가락 끝에 피가 날 정도로 외국어를 배우고, 책을 읽는다. 그리고 이에 겸해 자신의 자서전[34]을 집필한다. 하지만 종이 날개를 나부끼는 일을 막는 것은 그녀가 잠자고 꿈꾸는 시간이기도 하다.

"잠을 자면서 나는 잠을 이룰 수 없을 것 같다는 생각이 든다. 나는 녹초가 되게 일하면서도 과제를 다 끝마치지 못한다. 마침내 일어나서 책을 좀 읽을 결심을 한다. 내 도서관의 어떤 열에 내가 읽으려는 책이 있는지 나는 알고 있다. 그 책은 표지는 없지만 책을 찾는 것이 전혀 어렵지 않다. 나는 안락의자에 편히 앉아 커다란 책을 내 무릎에 얹는다. 나는 단어를 구별할 수 없고, 페이지들은 온통 비어 있다. 나는 놀라지는 않지만 쓰라린 환멸을 느낀다. 나는 페이지들을 손가락으로 쓰다듬으며, 그 위로 사랑스럽게 몸을 기울인다. 손 위로 눈물이 흘러내린다. 이때 문득 다음과 같은 생각이 뇌리를 스친다. 책이 젖으면 모든 글자가 안 보이게 될 거야. 그

---

33) 래드클리프 대학(Radcliffe College)은 미국 매사추세츠 주 케임브리지에 있는 여자대학으로 하버드대학교 내에 병설되어 있었다. 하버드대학교와 교수단, 교과과정을 공유하지만 독립된 기관이었다. 1879년에 창립되었고, 졸업생은 하버드대학교 졸업자와 동등한 자격으로 간주되었다. 1977년 하버드와의 형식적인 합병이 이루어졌고, 1999년에 완전히 흡수 통합되었다. 현재는 하버드 대학교 아래의 래드클리프 대학원(Radcliffe Institute for Advanced Study)으로 존속하고 있다.

34) 헬렌이 23세 때 집필한 《내가 살아온 이야기》를 말함.

래서 재빨리 책을 덮는다. 하지만 책에 손으로 느낄 수 있는 점자는 하나도 없다!"

여름방학이 시작되자 케이트 켈러는 터스컴비아로 되돌아간다. 그리고 헬렌과 애니는 소피아 홉킨스를 만나러 케이프 코드로 간다. 헬렌이 어린 나이에 너무 유명해지니까, 애니를 불쌍한 고아라고 거들떠보지도 않던 이웃과 마을 사람들은 이젠 돌연 태도를 바꾸어 이들이 오래전부터 늘 두터운 우정을 나누어 온 것처럼 행동한다.

헬렌은 온갖 장난감을 선물 받는다. 그중에는 홉킨스 부인의 죽은 딸 플로렌스의 소유였던 작은 침대와 마차도 있다. 플로렌스는 홉킨스 부인의 고명딸이었다. 그런데 이제 그녀가 몇 년 동안 애지중지 간직해 온 딸의 장난감들을 헬렌에게 넘겨준 것으로 보아, 애니가 보호해온 헬렌이 홉킨스 부인의 손녀나 다름없는 아이가 되었다고 생각해도 무방하겠다.

소피아 홉킨스와 앤 설리번은 헬렌을 공동묘지로 데려갔다. 그 아이가 공동묘지에 가본 것은 이때가 분명 처음이었을 것이다. 하지만 그 아이는 이곳에 무언가가 있음을 금세 감지했다. 꽃향기 내음이 났으나 꽃을 꺾지는 않았다. 애니가 몇 개의 꽃송이를 꺾어 아이에게 꽂아주려 하자 그녀는 이를 거부했다. 그 아이는 묘비명을 더듬으며 이름을 알아내려고 했다. 홉킨스 부인의 딸의 무덤에 쪼

그리고 앉아 돋을새김 글씨로 플로렌스라는 이름이 적혀 있는 대리석 판을 만져보았다. 그녀는 어리둥절한 표정으로 애니의 손에 이렇게 적었다. "불쌍한 어린 플로렌스는 어디 있나요?" 그러고는 이렇게 덧붙였다. "그녀가 죽은 모양이지요. 누가 그녀를 커다란 구덩이에다 뉘었어요?" 그 아이는 홉킨스 부인과 애니가 떠날 결심을 할 때까지 묻고 또 물었다.

애니는 헬렌에게 플로렌스에 관한 이야기는 아무것도 들려주지 않았다. 그렇지만 그 아이는 집에 가서 작은 침대와 마차가 놓인 방 안으로 쏜살같이 달려 들어가더니, 두 개 다 홉킨스 부인에게 끌고 와서 이렇게 말하는 것이었다. "이것들은 불쌍한 어린 플로렌스 것입니다." 애니와 홉킨스 부인은 그 아이가 어떻게 이 사실을 알아냈는지 도저히 설명할 수 없다.

며칠 후 헬렌은 어머니에게 이런 편지를 썼다. "나는 플로렌스의 작은 침대에 나의 어린 아이들을 눕히고 이들을 마차에 태워 돌아다닐 거예요. 불쌍한 어린 플로렌스는 죽었어요. 그녀는 너무 아파서 죽었어요. 홉킨스 부인은 자신의 사랑스러운 어린 딸 때문에 큰 소리로 울었어요. 그녀는 땅속으로 들어갔어요. 차갑고 지저분한 땅속으로요. 플로렌스는 세이디Sadie처럼 무척 예뻤어요. 그리고 홉킨스 부인은 틈만 나면 그녀에게 입맞춤하고 쓰다듬어 주었어요. 커다란 구덩이 속에 들어간 플로렌스는 무척 슬퍼요. 의사 선생님은 건강해지라고 그녀에게 약을 주셨어요. 하지만 불쌍한 플로렌스는 건강해지지 않았어요. 그녀는 너무너무 아파서 침대에서 기침하고 끙끙거렸어요. 홉킨스 부인은 곧 딸을 찾아갈 거예요."

헬렌은 세상을 재구성하지 않을 수 없었다. 그 아이는 죽는다는 것이 무엇인지 아직 제대로 알지 못했다. 하지만 그 아이는 감정이입 능력, 주변 사람들이 슬프거나 명랑하거나 화가 나거나 참을 수 없을 때, 이들에게 무슨 일이 일어나는지에 대한 직관적인 지식을 지니고 있었다. 이들은 보지도 듣지도 못하는 이 아이 앞에서 이런 사실을 숨길 수 없었다. 헬렌은 손 근육의 작용으로 모든 뉘앙스에 반응했고, 참지 못하고 어깨를 추스르는 행위나 단호하게 꽉 붙잡는 행동뿐만 아니라 가볍게 누르는 호감의 표현에도 반응했다.

그 아이는 아직 세상에 대해 별로 아는 것이 없었다. 그 아이가 브류스터에서 처음으로 해수욕을 하며 파도에 몸을 내맡겼을 때 금방 숨이 넘어갈 듯이 물었다. "누가 대체 바닷물에 소금을 집어넣었어요?" 하지만 그 아이는 어머니가 깜짝 놀라거나 애니가 흥분할 때 그런 사실을 알았다. "그 아이가 하루는 어머니와 애니그노스 선생님과 산책하는 중에, 한 소년이 그들 앞 땅바닥에 딱총을 던지자 켈러 부인이 소스라치게 놀랐어요. 헬렌은 어머니의 움직임에 변화가 있음을 눈치채고 이렇게 묻는 것이었어요. '우리가 무엇에 놀라는 거죠?' 내가 한번은 공원을 산책하고 있을 때 어떤 경찰관이 한 남자를 잡아가는 것을 보았어요. 나의 흥분이 헬렌에게 전달되었던 모양입니다. 그 아이가 흥분해서 '무얼 보았어요?'라고 물었기 때문입니다." *

11.
손으로 대화하는 헬렌 켈러

　1888년 가을, 애니와 헬렌은 다시 터스컴비아로 돌아왔다. 애니는 마이클 애너그노스가 부탁한 글을 쓰느라 골머리를 앓고 있었다. 그 글은 맹아학교의 연례보고서로 발행될 예정이었다. 소피아 홉킨스에게는 그토록 생생한 편지를 썼으면서도, 요구 사항을 충족시키지 못할까 봐 전전긍긍하며 글 쓰는 사람의 온갖 고통을 애니는 실감하게 되었다. "글을 쓰기 위해 자리에 앉으면 내 생각이 얼어붙어 버린다. 그러다가 생각을 종이에 옮겨 적으면 마치 일렬로 늘어선 나무 병정처럼 보인다. 그중에 우연히 살아 있는 놈이라도 보이면 가죽조끼 속에 집어넣었다!"

　애너그노스 선생님은 애니에게 헬렌을 가르친 보고서를 써달라고 부탁한 것이다. 하지만 마침내 그녀가 쓴 내용은 거의 전적으로 헬렌과 그녀의 직관 및 그녀의 감정이입 능력만을 다루었다. 다들 제가끔 떨어져 있고 서서히 이름을 얻는 조각들을 가지고 비로소 세계를 끼워 맞추는 수밖에 없었던 이 아이가 재능, 즉 사람의 마음속에 일어나는 일을 손으로 파악하는 가히 놀라운 능력을 지니고 있었기 때문이다. 젊은 처녀인 그녀가 아직 나중만큼은 묘사할 수 없었지만 그래도 그 안에는 모든 내용이 담겨 있었다. "손은 내가 고독과 어두움을 뚫고 내뻗는 더듬이이다." 그 아이는 온몸으로 느끼고, 두 발로 엿듣는다. 냄새를 통해 어떤 일이 일어나는지, 자신이 어떤 상태에 있는지 알 수 있다. 그래도 그 아이에게 제일 중요한 것은 역시 손이다. 손이 그 아이의 시청각을 대신해주고, 사물이며 인간들과 그 아이를 '직접' 연결해준다. "사람들은 사랑하는 사람의 눈길이 멀리 있는 사람의 마음을 두근거리게 만든다고 내게 말했다. 하지만 사랑하는 사람의 손을 만질 때는 거리감이 존재하지 않는다."

그 아이는 젊은 처녀와 나중의 늙은 부인뿐만 아니라 친구의 손도 틀림없이 다시 알아볼 것이다. "몇 년 뒤 아프리카의 오지에 있다고 치자. 손은 얼굴만큼이나 쉽게 알아볼 수 있을 뿐만 아니라, 손은 자신의 비밀조차도 더욱 노골적이고도 더욱 무의식적으로 드러낸다. 사람들은 폭력을 쓸 때 자신의 표정을 얼굴에 드러내지만, 손은 그 같은 제약에 구속받지 않는다."

그 아이는 신체적 특성은 좀처럼 의식하지 못한다. 그 아이는 어떤 사람의 손가락이 긴지 짧은지, 그의 피부가 촉촉한지 건조한지 기억하지 못한다. 그 아이는 보통 사람들처럼 대체로 얼굴의 개별적 특성을 기억하는 것이 아니라 얼굴에 나타나는 표정을 기억하는 것이다. "어떤 손은 불안과 근심 걱정으로 무슨 일이든 저지를지도 모른다는 사실을 내게 이야기해준다. 나는 장난꾸러기의 손을 지닌 어느 주교, 납처럼 진지한 손을 지닌 익살꾼, 무쇠 같은 주먹을 지닌 침착하고 거의 비굴하다 할 만한 남자를 만났다."

얼마 전까지만 해도 친척들에게 지적장애아라고 치부되었던 이 눈먼 아이가 단 한 번의 악수로 얼마나 많은 사실을 전달받으며, 얼마나 많은 것을 통찰하는가! "낯선 사람들은 마치 오래전에 잃어버린 여동생을 만나기라도 하듯 내 손을 감싸 쥐었다. 어떤 사람들은 내가 자기들에게 무슨 짓을 저지를까 봐 마치 불안하기라도 할 때처럼 내게 손을 내민다. 그런 사람들은 남이 만지도록 허락하는 손가락 끝을 정성스레 잘 다듬어 가지고 있다. 내가 손을 만지는 순간 이들은 손가락을 뒤로 잡아 뺀다. 그러면 나는 이 손을 '겨울잠 자는 들쥐처럼 용감하게' 또 한 번 잡을 필요가 없게 되기를 속으로 희망한다." 그 아이는 쌀쌀맞은 사람, 품위 없이 잘난 척하는 사람, 드물지 않게 불신하는 사람을 알아챈다.

신시내티에서 헬렌을 검사한 전문가들조차도 말한 내용이 애니의 손을 거쳐 헬렌에게 전달되었다는 사실을 생각하지 못했다. 헬렌이 두 손으로 얼마나 많은 것을 보고 들었는지 경험으로 알고 있는 사람은 바로 애니였다.

"나를 알고 있는 많은 사람 가운데서 입으로 다른 사람과 막 대화를 나누고 있는 어떤 친구의 분위기에 대해 내가 얼마나 많은 것을 파악하고 있는지 이해하고 있는 사람은 아마 얼마 되지 않을 것이다. 나의 손은 그의 움직임을 쫓아다닌다. 나는 그의 손과 팔이며 얼굴을 만진다. 나는 그가 두 번 다시 들을 수 없는 재치 있는 농담을 듣고 즐거워할 때나 그가 생생한 이야기를 들려줄 때를 안다. 내 친구 중의 한 명은 무척 공격적이다. 그리고 그의 손은 곧 다툼이 있으리란 것을 늘 미리 알려준다. 그가 참지 못하고 손을 씰룩 움직이면 즉시 누구한테 달려들 거란 사실을 난 알아챈다. 갑작스러운 기억이나 새로운 생각이 불현듯 그의 뇌리를 스칠 때 그가 홱 움직인다는 사실을 느꼈다. 나는 그의 손에서 걱정을 느꼈다. 나는 그의 영혼이 옷에 싸이듯 어둠 속에 위풍당당하게 싸여 있음을 느꼈다."

사진을 보더라도 헬렌 켈러의 손길이 얼마나 주의 깊은지 알 수 있다. 그녀의 두 손은 꽃에 내려앉은 나비처럼 책 위에 얹혀 있다. 그렇지만 바로 이 손이 인형을 내동댕이쳤고, 비니와 애니를 마구 때렸으며, 램프며 자신을 가로막는 모든 것을 때려 부쉈다. 바로 이 힘을 마구 사용하는 바람에 큰 손해를 끼쳤고, 많은 것을 파괴했다. 그런데 지금은 그 힘을 한 조각씩 짜맞춰 세계를 구성하는 데 도움을 얻고 있다.

"물론 내 손가락이 거대한 전체의 인상을 한꺼번에 얻을 수는 없다. 그러나 나는 부분들의 존재를 느끼며 이를 정신에 짜맞춘다. 나는 집 주위를 돌아다니며 마침내 집 전체의 모습을 뇌리에 새길 때까지 대상을 하나하나 만져본다. 다른 사람들 집에서는 내게 드러나는 것만 만질 수 있다. 그 때문에 내가 잘 알지 못하는 집은 내게 일반적인 영향도 미치지 않고 전체적인 모습이 조화롭게 나타나지도 않는다. 나의 말 없는 일꾼은 환상이다. 환상의 힘찬 말은 혼돈을 현실로 만든다. 상상력이 없다면 나의 세계는 얼마나 초라할까! 우리 집 정원은 주위에 다양한 막대기들이 다양한 모습으로 꽂혀 있는 소리 없는 한 뙈기 땅에 지나지 않으리라."

헬렌 켈러의 '말 없는 일꾼'인 환상의 도구는 언어이다. 그 언어 없이는 환상은 일할 수 없으며, 점점 더 미묘한 차이를 구분해내는 두 손은 재료이다.

"촉각으로 감지할 수 있는 모든 사물은 움직일 수 있거나 고정되어 있고, 단단하거나 액체이고, 크거나 작으며, 이런 특성은 다양한 방식으로 단계가 나누어져 있다. 꽃을 피우기 위해 둥근 모습으로 변하는 수련의 냉기는 여름밤의 바람의 냉기와 다르고, 비의 냉기와는 너무나 다르다. 장미의 부드러운 감촉은 익은 복숭아의 그것이나 아기의 뺨에 생기는 보조개의 그것과 같지 않다. 암석의 단단함과 나무의 단단함의 관계는 남성의 저음과 여성의 날카로운 고음의 관계와 같다."

이처럼 보지도 듣지도 못하는 그 아이는 자기에게 남아 있는 감각을 다른 사람들보다 잘 이용하면서 세상을 짜맞출 뿐만 아니라 하찮은 사물에도 신경을 씀으로써 미세한 차이들을 감지한다. 그리고 헬렌은 생각한다. 그 자신은 손으로 보기 때문에 눈이 멀지 않은 다른 사람들이 만지지 않고 무언가를 볼 수 있다는 사실이 어떤 것인지 처음에는 감이 오지 않는다. 그러다가 그 아이는 자신도 멀리서 어떤 나무 냄새를 맡을 수 있다는 생각을 하게 된다. 그 아이는 서로 다른 냄새의 차이와 비교하면서 색의 차이는 분명하게 이해하지 못한다.

"나는 진홍색이 심홍색과 다르다는 것을 이해한다. 오렌지 향기가 그레이프프루트[35]의 향기와 다르다는 것을 알기 때문이다."

그 아이는 유황 냄새가 나면 등불에 불이 붙는다는 사실을 알고 있기에, 냄새들은 그 아이가 있는 곳과 바야흐로 일어날 일을 자신에게 말해줄 뿐만 아니라, 자신과 세계를 직접 연결해주기도 한다.

"나는 언젠가 며칠 동안 냄새와 맛의 감각을 잃어버린 적이 있었다. 내가 모든 냄새와 이토록 완전히 단절되어 있으며, 공기를 마셔도 향기를 조금도 감지할 수 없다는 사실이 도저히 믿기지 않았다. 나는 어느 정도 시간이 흐르면 다시 냄새를 맡을 수 있으리란 사실을 알고 있었다. 하지만 이 놀라운 일이 사라진 뒤 외로움의 감정이 내 가슴을 야금야금 파고들었다. 공기 중에서 수만 가지의 냄새를 맡지 못했을 때만큼이나 엄청난 외로움이 밀려든 것이다."*

---

35) grapefruit. 약간 신맛이 나고 큰 오렌지같이 생긴 노란 과일.

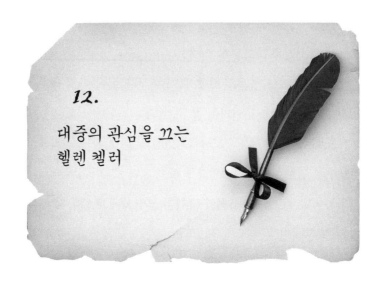

12.
대중의 관심을 끄는
헬렌 켈러

다시 터스컴비아에 돌아온 애니는 자신의 눈이 더 이상 기능을 발휘하지 못할 때까지 눈을 돌보지 않고 헬렌과 단둘이 계속 일을 했다. 1889년 봄에 그녀는 거의 앞을 볼 수 없게 되었다. 그녀는 또한 번 눈 수술을 해야만 했다. 그리고 그녀에게는 휴가가 필요했다.

아서 켈러는 마이클 애너그노스에게 편지를 썼다. 에바 램스델 Eva Ramsdell이라는 선생님이 애니 역할을 대신했다. 그녀에 관해 남아 있는 자료는 이름 말고는 없다. 헬렌에게는 애니를 대신할 수 있는 사람이 아무도 없었다.

앤 설리번은 보스턴으로 여행을 떠났다. 혼자 남은 헬렌은 이제 자신의 선생님도 눈이 좋지 않다는 사실을 알게 되었다. 하지만 그녀는 이 현상이 그저 일시적인 일이려니 생각했다. 이것이 둘의 첫 번째 이별이었다. 헬렌은 이 이별의 아픔을 꽤 잘 이겨낸 것 같다. 이들은 서로에게 편지를 썼으며, 헬렌의 삶은 새로운 것으로 충만했다. "나는 날마다 내 책들을 읽는다. 나는 그 책들이 너무너무 좋다."

그녀에게는 초학자를 위한 입문서 몇 권이 있었다. 지리책과 어린이용 이야기책 전집이 그것인데, 모두 돋을새김으로 인쇄되었다. 자신의 자서전에서 그녀는 애니가 자기 앞에서 읽어주고, 자신이 최초로 이해한 이야기책이 《소공자》[36]라고 기억하고 있다. 애니는 자신의 손가락이 말을 안 들을 때까지 아이의 손바닥에 철자를 적어주었다. "이곳이 어쩌면 손가락 문자의 사용법을 말하기에 적합한 장소일지도 모르겠다. 자신의 손가락으로 나에게 읽어주거나 나와 대화를 하는 자는 대체로 한 손으로 손가락 문자를 이용하고 있다. 나는 말하는 사람의 손에 내 손을 살포시 얹어 그 사람 손가락의 움직임이 방해를 받지 않도록 한다. 나는 다른 사람들이 글을 읽을 때 철자를 하나하나 보지 않듯이 나도 철자를 하나하나 느끼지 않는다. 끊임없이 연습하면 손가락이 말할 수 없이 나긋나긋

---

36) 《소공자Little Lord Fauntleroy》(1886)는 프랜시스 버넷의 소설로 1886년 발표되었다. 뉴욕에서 어머니와 단둘이 살고 있던 영국 귀족의 손자 세드릭 에롤이 할아버지 집에서 살게 된 후 벌어지는 일들을 담은 이야기이다. 완고하고 인색한 지주로 악명높던 할아버지는 맑고 순수한 손자의 영향으로 어진 성품으로 바뀌게 된다. 이러한 동심에 대한 찬양은 《소공녀》, 《비밀의 화원》 등 다른 작품에서도 일관되고 있다.

해진다. 그리고 내 친구 몇몇은 흡사 타자기로 치는 것처럼 철자를 무척 빨리 적는다. 타자기를 치는 것처럼 글자를 적는 일이 거의 기계적으로 이루어진다."

그렇지만 애니가 그 아이에게 소공자 이야기를 손에 적어주고, 나중에도 그랬듯이 헬렌이 기를 쓰고 알려고 하던 당시, 애니는 더는 손가락을 움직일 수 없었다. 그래서 헬렌은 책을 양손에 쥐고 자신이 수십 년 후에도 아직 기억한 그리움으로 철자를 느끼려고 했다.

그러는 사이 헬렌에게는 남동생 아서가 태어났다. 하지만 그녀는 이번에는 어머니의 임신을 의식적으로 함께 체험했으면서도 아직 아이들이 어디에서 오는지 알지 못했다. 또 한 해가 지나가고 남동생이 또 태어났을 때도 그녀는 다시 이렇게 묻는 것이었다. "내가 엄마한테 오기 전에 어디 있었어요? 땅에 묻힌 씨앗에서 식물이 자라는 것은 알고 있어요. 하지만 사람들은 이런 식으로 생기지 않는다는 것을 확실히 알고 있어요. 나는 지금껏 아이들을 자라게 하는 식물을 본 적이 없거든요. 작은 새와 병아리는 알에서 나오지요. 나는 이를 관찰한 적이 있어요. 달걀이 하나의 달걀이기 전에 그것은 무엇이었을까요?"

퍼킨스 맹아학교의 연례보고서가 발행되자 거의 모든 신문과 잡지들이 헬렌에 대해 쓴 앤 설리번의 글을 다루었고, 그 글에서 인용했으며, 그것에 대해 썼다. 헬렌은 모르는 사람들로부터 처음으로 편지들을 받았다. 물론 그녀는 답장을 했지만, 곧 더 많은 편지를 받게 될 것이고, 자신이 감당할 수 없을 정도로 많은 편지를 쓰게 될 거란 사실을 아직 예감하지 못했다.

퍼킨스 맹아학교도 대중의 관심을 끌게 되었다. 마이클 애너그노스는 새 학기를 위해 헬렌(과 애니)를 초대했다. 헬렌은 수업료를 낼 필요가 없었고, 다른 여학생들보다 더 많은 자유를 누릴 수 있었다. 그리하여 9월에 다시 터스컴비아로 되돌아왔을 때 앤 설리번은 이제 이미 세 번째로, 이내 곧 다시 보스턴으로 여행하게 될 것이란 사실을 알고 있었다.

그러는 사이에 헬렌은 많은 발전을 보여 정규 수업에 참여할 수 있었다. 애니는 그녀 옆에 앉아 '번역'해 주었다. 그리고 헬렌은 뭇사람들로부터 온갖 초대를 받았다. 처음에는 호기심에서 초대했지만 나중에는 그들 자신을 위해 헬렌을 초대했다. "헬렌에게는 사람을 끄는 강한 매력이 있어요. 이는 필시 그녀가 모든 사물에 지대한 관심을 보이기 때문입니다."

이럴 때 앤 설리번은 종종 성가시지만 없어서는 안 되는 혹처럼 함께 초대받았다. 그녀는 여전히 자신을 인기 있게 만드는 법을 터득하지 못했고, 앞뒤 고려하지 않고 자신의 생각을 막무가내식으로 말했다. 무뚝뚝한 젊은 처녀인 그녀는 늘 남에게 상처를 주고 상처를 받을 위험이 있었다. 그녀는 어울리든 어울리지 않든 아랑곳하지 않고 마구 이빨을 드러내는 공격적인 재투성이의 신데렐라였다. 하지만 그녀는 보스턴의 한 상점에서 발견한, 모피로 가장자리를 댄 벨벳 숄을 사기 위해 한 달 월급을 몽땅 터는 여자였다. 함께 현장에 있었던 헬렌은 50년도 넘게 지난 후 《선생님: 앤 설리번 메이시》라는 자신의 책에서 이때의 일을 떠올리고 있다. 그때 헬렌은 사고 싶으면서도 머뭇거리는 애니에게 사라고 용기를 북돋워 주었다. 그녀가 보고하기를 둘은 당시 남들에게서 '욕'을 얻어먹었다고 한다. 하지만 추측건대 낭비를 했다고 비난을 들어야 한 사람은 애니뿐이었다. 애니는 처음으로 보스턴의 여러 가정에 초대받았을 때 자부심, 반항심, 양심의 가책이 섞인 심정으로 그 외투를 입었을 것이다. 이제 재투성이의 신데렐라는 자신의 부엌을 떠나 대중으로부터 각광을 받게 되었다.

앤 설리번은 한 인터뷰를 하면서 늘 그렇듯이 에둘러 말하지 않고 직설적으로 자신만이 오로지 헬렌을 책임진다고 설명했다. 그리고 자신의 봉급은 헬렌의 아버지가 준다는 것이다. 둘 다 사실에 부합했다. 하지만 퍼킨스 맹아학교는 앤 설리번을 교육했으며, 로라 브리지먼의 행동을 연구하라고 그녀에게 반년 동안 기회를 주었었다. 그러므로 그 학교는 헬렌과 애니가 여태껏 보지 못한 성공을 거둔 것에 어느 정도 기여했다고 볼 수 있었다. 그러므로 그 학교에서는 분개하는 목소리가 튀어나왔다. 앤 설리번은 그녀를 먹여 살린 손을 깨문다는 비난을 받았다. 그리고 어떤 사람은 헬렌의 성공이 애니 덕택이 아니라 퍼킨스 맹아학교 덕택이라고 주장하기도 했다. 그리하여 명성을 얻기 무섭게 이러쿵저러쿵 불신의 말들이 돌아다녔다. 그래서 앤 설리번은 퍼킨스 맹아학교 교장에게 사과문을 쓰지 않을 수 없었다.＊

13.
영혼과 하나님의 존재

1890년에도 헬렌과 애니는 퍼킨스 맹아학교의 손님이 되어 보스턴으로 갔다. 전에 새뮤얼 하우 박사가 그랬듯이 그리스 태생인 마이클 애너그노스는 장기간 유럽 여행을 떠났다. 로라 브리지먼과 편지를 주고받은 하우처럼, 애너그노스는 이제 헬렌과 편지를 주고받았다.

이 무렵 헬렌은 영혼이라는 단어를 접하고 그게 무슨 뜻인지 애니에게 물어보았다. 애니는 영혼이 무엇인지 아는 사람은 아무도 없다고 설명해주었다. 그것은 생각하고 사랑하고 희망하는 우리의 일부분이라고 설명했다. 로라 브리지먼도 자신을 가르친 선생님한테서 그런 답변을 들었지만 앤 설리번은 그 정도로 만족하지 않았다.

"그런 다음 나는 선생님께 물었다. '선생님은 선생님의 영혼이 육체와 분리되어 있다고 생각할 수 있나요?' '오 그렇단다', 선생님이 답변하셨다. '한 시간 전에 내가 애너그노스 선생님을 너무너무 생각했더니, 나의 정신, 나의 영혼은 그곳, 아테네(애너그노스가 머무르던)에 가 있었지.' 선생님은 보다 나은 답변을 해주었다. '하지만 나의 몸은 여기 교실에 있었지.' 이 순간 그녀의 뇌리에는 다른 생각이 스치는 것 같았다. 그녀가 이렇게 덧붙여 말했기 때문이었다. '하지만 애너그노스 선생님이 내 영혼에 말하지는 않았어.' 나는 선생님에게 영혼이란 눈에 보이지 않는다고, 다른 말로 하면 지각할 수 없는 형상이라고 설명했다. 하지만 선생님은 이렇게 대꾸했다. '하지만 내 영혼이 생각하는 바를 글로 적으면 그것이 보이게 되는 거야. 그러면 말이 영혼의 몸이 되는 셈이지.'"

로라 브리지먼과는 달리 헬렌은 청교도들에게 넘겨지지 않았다. 그녀와 청교도 정신 사이에는 그녀의 여선생님이 자리하고 있었다. 애니는 자신에게 극단적으로 종속되어 있는 헬렌에게 적어도 생각만은 독립적으로 하라고 쉴 새 없이 격려했다. 그리고 그녀에게 복종을 요구했으면서도(그것도 때로는 꽤 난폭하기 짝이 없게) 우리가 '맹종'이라고 칭하는 맹목적 복종은 원하지 않았다. 살아 있는 사람이라면 도저히 그럴 수 없기 때문이다. 헬렌은 스스로 생각해야 하고, 어떤 것도 그냥 받아들여서는 안 되며, 스스로 하나의 형상을 만들어야 했다. 그리하여 그녀는 언젠가 로라 브리지먼과는 전혀 딴판으로 청교도로부터 자신을 지킬 수 있었다.

헬렌은 죽음의 문제에 관심을 기울였다. 그녀는 애니에게 물었다. "우리가 죽지 않는다면 훨씬 행복할 것 같지 않아요?" 하지만 그녀의 여자 동급생들이 저세상이 얼마나 근사한지 모른다고 이야기하자 그녀는 대번에 이렇게 물었다. "너희들은 죽지도 않았으면서 어떻게 그런 사실을 안단 말이니?"

그리고 여름방학 때 터스컴비아의 친척들이 하나님이 그녀와 다른 모든 사람을 흙으로 빚었으며, 하나님이 자신들의 살아 있는 아버지라고 설명하자 그녀는 애니에게 이렇게 말했다. "나는 살과 피와 뼈로 만들어졌으며, 나의 아버지는 아서 켈러임을 알고 있어요."

그녀가 자신이 어떻게 해서 생겨났는지 물을 수 있을 만치 세상을 재구성해보았을 때 그녀 나이는 열 살이었다. "하나님은 새로운 세상을 무엇으로 만들었나요? 하나님은 흙, 물, 씨앗과 최초의 동물들을 어디에서 가져왔나요? 하나님은 어디 계신가요? 선생님은 하나님을 보셨나요?"*

말을 하는 것이 헬렌의 오랜 꿈이었지만 그것은 하늘을 나는 꿈처럼 실현 불가능해 보였다. '단지' 귀만 먹은 사람조차도 말을 배우는 데는 엄청난 노력과 수고가 필요하다. 언어가 '귀먹고, 말을 못 하는'이라는 단어[37]를 하나의 개념으로 결합하는 데는 다 이유가 있다. 소리를 받아들이지 못하는 자는 그것을 (보통은) 재현할 수도 없다. 말을 배우려는 농아聾啞들은 개별적인 소리가 어떻게 형성되는지 알기 위해 눈을 통해 귀를 대체하는 것에 의존하고 있다. 다른 일에는 헬렌을 정상 아동처럼 전폭적으로 신뢰한 앤 설리번조차도 헬렌이 말을 할 수 있을 것으로는 생각하지 않았다.

---

37) 'deaf and dumb'은 '농아(聾啞)의'라는 뜻임.

보스턴에서 맞이한 두 번째 학기에 헬렌은 라근하일드 카타 Ragnhild Kaata의 강의를 들었다. 노르웨이 출신의 귀먹고 앞 못 보는 그 젊은 여선생님은 말하는 법을 배웠었다. 그러므로 그것이 가능했던 것이다! 헬렌은 애니가 보스턴에서 맹아학교를 운영하는 새라 풀러와 대화를 나눌 때까지 선생님을 오랫동안 지켜보았다. 새라 풀러는 헬렌이 말하는 법을 배우려고 단단히 마음먹은 이유가 무엇인지 일단 한번 알고 싶었다.

"나의 선생님 애니가 화요일에 내게 말했어요. 내가 어떻게 입으로 말하고 싶다는 생각을 하게 되었는지 선생님이 알고 싶다고요. 상세히 말씀드리겠어요. 난 아직 정확히 기억하고 있으니까요. 난 아주 어릴 적에 늘 어머니 품에 안겨 있었어요. 내가 너무 겁이 많은 데다, 혼자 있으려고 하지 않았기 때문이에요. 나는 내 손을 늘 어머니 얼굴에 갖다 대고 있었어요. 어머니가 다른 사람과 이야기할 때 어머니의 얼굴과 입술이 움직이는 감촉을 느끼는 게 기분이 좋았기 때문에요. 나는 당시 어머니가 무슨 일을 하고 있는지 아직 알지 못했어요. 아무것도 아는 것이 없었으니까요. 그런 다음 나이가 들자 나는 나의 보모나 흑인 아이와 노는 것을 배웠어요. 그러면서 이들의 입술이 어머니 입술과 똑같이 움직인다는 사실을 알아챘어요. 그래서 나도 입술을 움직여 봤어요. 그렇지만 가끔 화만 날 뿐이었어요. 그래서 같이 놀던 친구들 입을 막아버렸어요. 나는 당시에 그런 일이 아주 못된 짓이란 사실을 알지 못했어요. 그리고 오랜 시간이 흐른 뒤 나의 사랑하는 선생님이 와서 손가락으로 대화하는 법을 가르쳐줬어요. 그래서 행복하고 기뻤어요. 그러다가 보스턴의 학교에 가서 몇몇 귀먹은 아이들이 다른 사람들처럼 입으로 말한다는 사실을 알았어요. 그리고 하루는 노르웨이에서 살았다는 한 부인이 나를 찾아와 자신이 그 먼 나라에서 보았다는 귀먹고 앞 못 보는 어떤 소녀 이야기를 해주었어요. 그 소녀는 말하는 법과 다른 사람들이 자기에게 이야기할 때 그것을 이해하는 법을 배웠다고 그래요."

새라 풀러는 헬렌을 가르칠 용의가 있다고 말했다. "그녀는 내 손을 자신의 얼굴에 가볍게 갖다 대고 자신이 소리를 낼 때 자신의 혀와 입술의 모양을 느끼게 했다. 나는 그녀의 모든 움직임을 따라 하고 싶은 강한 호기심을 느꼈다. 그리고 한 시간 만에 m, p, a, s, t, i와 같은 언어의 여섯 가지 요소를 익혔다. 그리고 내가 처음으로 문장을 말했을 때 내가 느낀 놀라움과 기쁨을 결코 잊을 수 없을 것이다.[38] '날씨가 덥다.'"

헬렌은 새라 풀러와 열한 시간 동안 같이 있었다. 그런 뒤 애니는 헬렌과 단둘이 말하는 연습을 계속했다. 몇 주 동안 헬렌이 가장 좋아한 문장은 "나는 더 이상 벙어리가 아니다."가 되었다. 이는 모든

---

38) 헬렌은 처음으로 말을 했을 때의 환희를 이사야의 예언에 비유한다. "네 앞에서 온 산과 언덕이 별안간 소리 내어 노래할 것이며, 온 들의 모든 나무가 손뼉치리라."(<이사야> 44장 23절)

문장 중에 으뜸가는 문장이었다. "반쯤 사로잡힌 거나 다름없는 내 생각들은 나 자신의 손가락 철자로 이루어진 쇠사슬을 더 이상 세게 잡아당기지 않았다."

입술 읽기는 거의 말하는 것만큼이나 힘들었다. 그 아이는 중지中指는 말하는 사람의 코에, 집게손가락은 입술에, 엄지손가락은 목에 갖다 대고 다양한 떨림 현상을 느껴보았다. 몇 년이 지나서야 그녀는 단지 몇 개 이상의 말을 이해할 수 있게 되었다. 하지만 입술 읽기를 할 때의 어려움은 헬렌이나 애니가 말하는 것을 배우는 데 들인 노력이나 수고와 비교하면 아무것도 아니었다. 소리에 대한 상상을 접촉을 통해 대체해야 했던 헬렌은 손가락을 애니의 목구멍 깊숙이 집어넣었다. 애니는 목이 메었고, 헬렌은 울음을 터뜨렸다. 그래도 그녀는 포기하지 않았다.

이로부터 5년 뒤 그녀는 여전히 확신에 가득 차 뉴욕에 있는 청각장애인 학교를 찾아갔다. "내가 다른 사람들처럼 말할 수 있다면 얼마나 좋겠는가! 나는 다른 사람들에게는 식은 죽 먹기처럼 쉬운데, 앞 못 보는 아이가 말을 배우는 것이 왜 이토록 힘들고 혼란스러운지 스스로에게 묻는다. 하지만 나는 인내심을 가지면 언젠가는 흠 잡을 데 없이 말을 하리라고 확신한다."

다시 2년 후에 그녀는 '청각 장애인이 말을 할 수 있도록 교육하고 후원하는 미국 협회'에서 이런 말을 했다. "나는 손가락 문자의 도움으로 내 생각을 표현하려고 애를 썼습니다. 어느 날 풀러 선생님이 새장 문을 열고 훨훨 날려 보냈을 때까지 자유를 얻기 위해 노력하는 조그만 새처럼 내 생각은 늘 손가락 끝에 부딪히며 덤벼들었어요. 물론 처음에는 생각들이 나는 것이 꽤 힘들었지요. 말의 비상은 힘이 약해 기가 꺾이고 말았습니다. 그리하여 사실 날겠다는 충동 말고는 아무것도 남는 게 없게 되었습니다.”

사정이 그러했다. 헬렌 켈러가 일평생 부단히 노력하고 연습했건만, 그녀의 언어는 결코 자연스럽지 않았고, 그녀의 말을 처음 접하는 사람에게는 이해되지 않았다. 또한 처음에 중대한 실수가 저질러졌기 때문이기도 했다. 새라 풀러는 오랫동안 사용하지 않은 성대를 강화하기 위해, 당장 말과 완전한 문장을 말하게 하는 대신 먼저 그 아이와 함께 발성 연습을 해야 했을지도 모른다. 하지만 당시만 해도 아직 이런 사실을 알지 못했다. 성취할 수 없어 보였던 많은 것을 성취한 헬렌 켈러는 오랫동안 충분히 연습만 하면 말하는 능력을 얻을 수 있으리라 생각했다.

고령이 되어서야 그녀는 이를 포기했다. 1955년에 낸시 해밀턴이 제작한 헬렌 켈러에 대한 유명한 다큐멘터리 영화[39]에는 어언 일흔다섯 살이 된 할머니가 말하는 장면도 들어 있다. 그녀가 말하는 내용은 새로 옮겨 적어야 이해할 수 있었다. “내가 가장 암담한

---

39) 헬렌 켈러를 다룬 낸시 해밀턴(Nancy Hamilton)의 기록 영화 <헬렌 켈러, 그녀의 이야기>를 말함.

시간을 보낸 것이 귀먹고 앞을 못 보기 때문은 아닙니다. 내가 정상적으로 말할 수 없다는 사실에 쓰라리게 실망해서입니다. 내 친구들과 내가 내 목소리를 분명하고 듣기 좋게 하려고 그토록 노력했는데도 말입니다."*

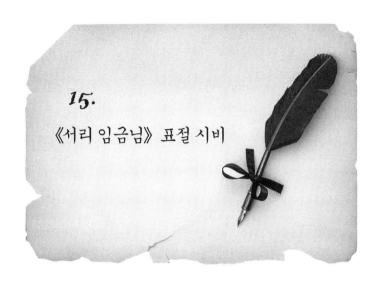

15.
《서리 임금님》 표절 시비

1891년 여름, 헬렌의 아버지 아서 켈러는 사업에 실패하여 파산했다. 케이트 켈러는 터스컴비아에서 방학을 보내고 있던 '애니 양'에게 이제 월급 줄 돈이 없다고 털어놓았다. 앤 설리번은 이제부터 봉급을 받지 않고 헬렌과 지냈다. 헬렌은 이에 대해 아무것도 알지 못했다. 나중에는 특히 그레이엄 벨과 같은 후원자들이 헬렌과 애니를 돌보아주었다.

그러는 사이 유럽에서 돌아온 마이클 애너그노스는 또 한 학기를 다니라고 헬렌과 애니를 보스턴으로 초대했다. 열한 살이 된 헬렌은 이미 모든 친구, 친척, 그리고 모르는 사람들과도 활발히 편지를 교환했다. 그리고 그녀는 이야기를 쓰기 시작했다. 그중에서 《시스터 메이벌Sister Mabel》은 심지어 책으로 출간되기도 했다. 가을이 되고 겨울이 다가오자 헬렌은 《서리 임금님》[40]이라는 이야기를 써서 애너그노스 교장 선생님에게 생일 선물을 했다. 애너그노스는 그러지 않아도 거의 절반쯤은 헬렌 이야기를 다룬 1891년도 연례보고서에 이 글을 포함시켰다.

그는 앤 설리번에게 3년간 휴식을 취한 뒤 헬렌과 지낸 이야기를 다시 쓰라고 부탁했다. 그리고 그 책을 이번에는 작가에게 아마 물어보지도 않고 미사여구로 '윤색'한 모양이었다. 그리하여 이런 글이 되었다. "헬렌의 글 쓰는 작업은 그녀의 상상력의 풍부함을 증거하고 있다. 그녀의 상상력이 만개함으로써 완성된 수정水晶들이 환하게 빛나는 페이지에 반짝이고 있다."

1월에 누군가가 애너그노스에게 편지를 썼다. 《서리 임금님》은 헬렌의 작품이 아니라 마가렛 B. 캔비의 책 《버디와 그의 요정 친

---

40) 《서리 임금님The Frost King》
옛날에 서리 임금님이 살고 있었습니다. 이 서리 임금님에게는 보석이 많이 있었습니다. 임금님은 그 보석들을 어떻게 하면 쓸모 있게 사용할 수 있을까 생각하다가, 산타클로스에게 맡기면 유용하게 사용할 것 같아 요정들을 불러 보석이 든 항아리를 산타클로스에게 갖다 주라고 일렀습니다.
요정들은 아름다운 숲에 이르자 잠시 놀다 가고 싶은 마음이 생겼습니다. 보석을 도둑맞으면 큰일이라고 생각한 요정들은 나뭇잎이 무성한 가지 사이에 감추었습니다. 그런데 태양이 보석을 발견하고는 그만 녹이기 시작했습니다. 요정들이 태양이 하는 일을 알아차렸을 때는, 이미 보석이 다 녹아 나뭇잎을 알록달록하게 물들인 뒤였습니다.
요정들이 돌아올 시간이 지나도 오지 않자 서리 임금님은 화가 났습니다. 그래서 임금님은 숲으로 가보고서 요정들이 노는 사이에 보석이 다 없어진 것을 알아차렸습니다. 화가 머리끝까지 나 있는데 아이들이 몰려와 "나뭇잎이 꽃처럼 예쁘게 되었어."라며 좋아했습니다. 이 모습을 본 서리 임금님은 게으름뱅이 요정들이 오히려 착한 일을 한 셈이라고 생각하며 흡족해했습니다.

구들Birdie and His Fairy Friends》에 나오는 《서리 요정들》과 거의 흡사하다고 말이다.

그러는 사이 다시 보스턴에 와 있던 헬렌과 애니는 질문을 받았다. 애니는 《버디와 그의 요정 친구들》에 관해 전혀 아무것도 들은 바가 없었다. 그리고 헬렌은 이 이야기를 완전히 혼자서 꾸며낸 거라고 설명했다. 하지만 사실 두 글을 비교해 보면 헬렌의 이야기는 《서리 요정들》과 거의 단어 하나 틀리지 않고 일치했다.

그 책은 헬렌이 태어나기 7년 전인 1873년에 출간되었다. 헬렌의 어머니와 마찬가지로 애니는 자신이 그 내용을 헬렌에게 결코 읽어준 적이 없다고 확신했다. 헬렌이 직접 읽은 책 중에도 그 책은 들어 있지 않았다.

마침내 소피아 홉킨스가 3년 전 《버디와 그의 요정 친구들》을 헬렌에게 '읽어준' 사실을 기억해냈다. 애니와 헬렌이 처음으로 케이프 코드를 방문했을 때의 일이었다. 애니는 자신의 눈 치료를 위해 며칠 예정으로 보스턴으로 갔었다. 그리고 홉킨스 부인은 자신의 딸이 보던 오래된 어린이 책들을 헬렌에게 '읽어주었던' 것이다. 그 책들을 그녀는 나중에 누구에게 선물로 주고는 그에 대해 잊어버렸다. 당시 언어를 발견한 지 일 년 되었던 헬렌도 그런 사실을 까맣게 잊고 있었다. 그 내용은 무의식 속으로 들어가 깊이 스며들었다가 몇 년 후 다시 샘물에서 솟아 나오는 물처럼 세상에 모습을 드러내게 된 것이다. 땅에서 솟아 나오는 그곳에서 물줄기가 처음으로 시작되는 것이 아니라, 먼 길을 돌아 그곳에서 흘러나오는 것이긴 하지만 샘물은 우리에게 기원의 상징으로 여겨진다. 즉 그 물은 구름으로 있다가 비가 되어 땅으로 떨어져서는, 지하수가 되어 흐르다가 일정한 지점에서 새로 지표에 드러나는 것이다. 이야기라는 게 있다는 사실을 얼마 전에 비로소 알았던 이 여덟 살 난 아이는 그 이야기를 자기 것으로 만들어 제 것으로 삼는 바람에 다음 사실을 깨닫지 못하게 되었다. "나는 그 이야기를 까맣게 잊고 있었다. 그러다가 그것이 다시 내게 생생하게 떠올라 그 이야기를 스스로 만든 것으로 생각하게 되었다."[41]

이는 귀먹고 눈멀지 않은 사람도 얼마든지 겪을 수 있는 극히 자연스러운 과정이다. "요컨대 모든 이념은 제3자를 통해 흘러들며, 이는 의식하든 안 하든 간에 무수히 많은 샘물에서 *끄집어내지는* 것이다." 마크 트웨인은 헬렌의 전기에서 '표절 법정'에 관해 읽고서 몇 년 후 그녀에게 이렇게 편지 썼다. "위대한 연사가 위대한 연설을 할 때 사람들은 수만 명의 말에 귀 기울이는 것이다. 하지만 우리는 그것을 그의 연설이라고 말한다. 사실 그의 연설 중에 그 자신의 말은 극히 작은 일부분에 지나지 않는다. 전신기나 증기 기선, 전화기나 그밖의 중요한 것을 발명하기 위해서는 수많은 사람의 공

---

41) 《서리 임금님》이 표절이다 아니다, 여러 의견이 있지만 고의적인 표절이 아니라 잠재의식 속에 있던 내용을 무의식적으로 쓴 것 아니냐는 설이 현재 가장 유력하다.

이 필요하다. 그런데 결국 월계관을 쓰는 사람은 최후의 사람이며, 우리는 다른 사람들은 잊어버린다."

퍼킨스 맹아학교에서는 극구 칭찬을 받던 신동 소녀가 여전히 아무런 죄의식도 느끼지 않는 것에 기만당한 느낌을 받았다. 《서리 임금님》의 작가인 마가렛 T. 캔비는 이해심이 넘치는 글을 써주었지만[42] 그럼에도 애너그노스 교장은 조사위원회를 소집했다. 마크 트웨인이 나중에 '썩어빠진 바보 머저리 집단'이라고 부른 그 위원회는 여덟 명의 교사, 즉 네 명의 맹인과 네 명의 일반인으로 구성되었다.

헬렌은 애니 없이 혼자 위원회에 불려갔다. 앞을 못 보고, 그들의 목소리는 듣지 못하지만 심문하는 손가락의 적대감은 느꼈던 열한 살짜리 소녀에 대해 위원장을 포함하여 아홉 명의 남자들이 판정을 내렸다. 그리고 질문마다 의심하고 불신하는 감정이 배어 있었다. 게다가 아이는 자신이 무슨 일을 했는지 알지도 못하고 있었다. "내가 그 이야기를 이미 들은 적이 있었다는 것을 사실 난 알지 못했다."

조사는 두 시간 동안 지속된 다음 표결에 부쳐졌다. 심사위원 중의 네 명은 헬렌에게 유죄 판결을 내렸다. 즉 이들은 그녀를 사기꾼

---

42) 마가렛 캔비 여사는 헬렌에게 이 같은 위로와 격려의 편지를 보내주었다. "그런 어처구니없는 오해 때문에 괴로움도 겪어봐야만 앞으로 더 좋은 작품을 쓸 수 있답니다. 언젠가 혼자 힘으로 훌륭한 이야기를 만들어낼 수 있을 거예요. 그리고 그 이야기를 읽은 많은 사람이 위안을 받고 도움을 얻겠지요."

으로 몰아세웠다. 네 명은 그녀가 의식적으로 사기를 쳤다는 사실을 입증할 수 없다고 판정했다. 애너그노스는 사실 헬렌을 옹호하는 편이었지만 그가 자신을 용서한 것은 아님을 헬렌은 느끼고 있었다. "그는 자신의 마음에서 우리를 쫓아냈다."

하지만 일반적으로 책임을 지게 된 사람은 헬렌이 아니라 앤 설리번이었다. 애니는 전에 퍼킨스 맹아학교에 다닐 때와 마찬가지로 여전히 콧대 높은 이단아였다. 다만 지금 옛날과 다른 점은 그녀가 더 이상 불쌍한 고아가 아니라 미국에서 가장 유명한 아이의 선생님이라는 사실이었다. 그녀는 시기와 질투를 받았다. 그리고 《서리 임금님》을 둘러싼 사건은 아이와 관련해 그녀에게 넌지시 따끔한 맛을 보여주는 좋은 기회이기도 했다.

헬렌은 마음이 적이 혼란스럽고 불안해졌다. "내가 말하는 내용이 모두 이미 오래전에 다른 어떤 사람이 써놓은 것이라는 사실이 밝혀진다면, 무슨 일이 일어날까?" 그녀는 어머니에게 더 이상 마음 놓고 편지조차 쓸 수 없었다. 그녀는 더 이상 마음 놓고 자신의 의견을 피력할 수도 없었다. 그녀가 무언가를 표현하자마자 이런 의구심이 들었던 것이다. "이게 내 자신의 생각인지 확신할 수 없어."

심문이 끝난 날 밤에 헬렌은 자면서 덜덜 떨다가 이러다가 죽을지도 모르겠다는 생각을 했다. 그날 밤 그녀는 이런 꿈을 꾸었을지도 모르겠다.

"북극으로부터 겨울이 세상으로 내려온다. 극권極圈이 밀리며 움직인다. 그리고 우리의 온화한 기후가 끝나게 된다. 이러한 소식은 멀리, 아주 멀리 날아갔다. 한여름에 바다가 얼음으로 꽁꽁 얼어붙었다. 수천 명씩 실은 배가 얼음에 갇혀 있다. 크고 흰 돛대를 단 배들이 꼼짝달싹 못하고 있다. 동방의 보물과 황금이 나는 서부에서 얻은 풍부한 수확물들을 더 이상 민족들끼리 교환할 수 없었다. 엄청난 추위에도 나무와 관목은 한동안 계속 자랐다. 새들이 따뜻한 곳을 찾으며 집으로 날아들었다. 겨울을 맞은 새들은 몸을 피하려다 허망하게 날개를 편 채 눈 속에 쓰러져 있었다. 마침내 나뭇잎과 꽃들이 겨울의 발치에 떨어졌다. 꽃잎이 변해 루비와 사파이어가 되었고, 나뭇잎은 얼어붙어 에메랄드가 되었다. 나무들은 추위가 껍질과 나무 속을 지나 뿌리에까지 전해지자 신음 소리를 내며 가지를 내던지는 것이었다. 나는 너무 추워 덜덜 떨면서 잠에서 깨어났다."*

16.
케임브리지 여학교 입학과
아버지의 죽음

아무런 선입견 없이 마음 놓고 지내던 시절이 지나갔다. 열두 살된 헬렌은 청년 연맹에서 자신의 삶에 대해 무언가를 써볼 용의가 없느냐는 문의가 왔을 때 아버지의 농장에서 풀이 죽은 채 멍하니 앉아 있었다. 헬렌은 그럴 마음이 없었지만 어머니와 애니는 그녀를 오랫동안 설득했다. 그래서 하는 수 없이 그 아이는 자리에 앉아 자기가 그때까지 겪은 것을 브라유 점자로 쓰기 시작했다. 글쓰기가 그 아이에게 도움이 되었는지 어느새 우울한 기분이 달아났다. 그리고 그 글로 그녀는 좋은 평판을 얻었다. 비록 모종의 불안감이 남아 있고, 선입견 없이 마음 놓고 지내던 시절이 영원히 사라지긴 했지만 이로써 그녀의 위기가 극복되었다.

남부 도시에서는 헬렌을 위해 해줄 일이 많지 않았다. 앤 설리번이 그레이엄 벨에게 편지를 띄우자 그는 그녀와 헬렌을 1893년 봄에 워싱턴으로 초청했다. 그는 워싱턴에서 두 사람을 데리고 나이아가라 폭포로 갔고, 여름에는 둘을 데리고 세계박람회가 열리는 시카고로 갔다.

애니와 헬렌은 가을과 겨울을 펜실베이니아의 헐턴Hulton에 있는 다른 친구인 윌리엄 워드William Wade와 그의 가족 집에서 보냈다. 그곳에서 이들은 헬렌에게 문학과 역사, 라틴어, 지리와 산수를 가르친 장로교 목사 존 아이언스John Irons를 만나기도 했다. 그녀는 수학에서 아무것도 건질 수 없었다. "생각을 집중해서 수학 문제를 풀려고 아무리 애써도 생각은 새장의 새처럼 날개를 파닥이며 달아나려고 한다." 존 아이언스는 손가락 철자를 터득하지 못해서 앤 설리번은 또 한 번 옮겨주어야 했다.

무엇 때문에 아서 케이트가 다음 해 2월에 자기 딸을(이로써 애니도) 도로 불러들였는지 우리는 알지 못한다. 어쩌면 그는 자신의 유명해진 딸을 세상에 내보이며 당시 이미 파산 상태인 자신의 재정 상태를 다시 건실하게 하려는 생각을 가졌을지도 모른다. 어쨌거나 그는 그로부터 2년 후, 자신이 사망하기 직전에 이런 생각을 실행에 옮기려고 했다. 하지만 이 계획은 부인의 반대에 부딪혀 수포로 돌아가고 말았다.

헬렌과 애니는 터스컴비아에 되돌아온 뒤, 헬렌의 목소리와 그녀의 입술 읽기로 작업을 계속했다. 그러다가 이들은 청각 장애인을 위해 새로 설립된 라이트 휴메이슨Wright-Humason 어학교에 초청받았다. 다시 애니는 수업 중에 헬렌 옆에 앉아 그녀에게 강의 내용을 옮겨준다.

헬렌은 말하기 수업과 음악 수업을 받으며, 독일어, 불어, 산수를 배운다. 보스턴에서처럼 그녀는 뉴욕에서도 아는 사람과 친구들, 특히 마크 트웨인[43]을 만난다. 마크 트웨인은 헬렌에게 눈의 역할 이상을 하는 몇 안 되는 사람 중의 하나이다.

앤 설리번은 뉴욕에서도 사람들 대부분에게 유감스럽게도 떼어놓을 수 없지만, 실상은 없는 거나 마찬가지인 통역가에 지나지 않는다. 나중에 헬렌의 전기를 읽은 마크 트웨인은 헬렌 켈러에게 이렇게 편지 쓴다. "당신은 놀랄 만한 존재, 세상에서 가장 불가사의한 존재입니다. 당신의 다른 반쪽인 설리번 선생님과 함께 말입니다. 당신들은 둘이 있어야 하나의 완전한 전체를 이룰 수 있기 때문이지요."

헬렌은 2년간 이 청각 장애인 학교를 다닌다. 다시 자신감을 회

---

43) 마크 트웨인(Mark Twain, 1835~1910): 19세기 미국의 소설가. 대표 작품으로 《톰 소여의 모험》《허클베리 핀의 모험》《왕자와 거지》 등이 있다. 어린 시절 미시시피강 유역에서 살았던 기억은 《톰 소여의 모험》의 배경 장소가 되었고, 1865년 《캘리베러스의 명물 도약 개구리》로 등단해 곧바로 인기를 끌었다. 1867년 6월부터 5개월 동안 트웨인이 쓴 편지는 《철부지의 해외 여행기》라는 단행본으로 출판되면서 가장 사랑받는 작가가 되었다. 마크 트웨인의 작품은 물질문명을 비판하고 사회 풍자를 표현하면서도 그 속에서 유머를 드러내고 있다.

복한 그녀는 "보고 들을 수 있는 사람들의 힘으로 자신의 힘을 측정하려고" 단단히 벼른다. 공부가 하고 싶은 그녀는 대학에 다니려고 한다. 그것도 보통 대학이 아니라 최고 명문대학 중의 하나인 래드클리프 대학에 말이다.

앤 설리번은 또 학교에 다닌다는 생각에 참을 수 없다. 그렇지만 다시 무정한 세월의 힘에 굴복하고 만다. 다시 그녀는 헬렌 옆에 앉아 완전히 파김치가 될 때까지 강의 내용을 옮기고, 정신이 흐리멍덩하고 손가락이 뻣뻣한 가운데 잠에 곯아떨어진다. 다시 그녀는 선생님들 사이에서 시샘을 받으며 따돌림을 당한다. 이 모든 생각이 이제 너무 지긋지긋해서 그녀는 누군가 다른 사람이 자기 자리를 대신해주었으면 차라리 더 낫겠다는 생각까지 하게 된다. 그렇지만 그녀는 대학 입학 준비를 하는 헬렌에게 적합한 학교를 알아본다. 사람들은 그녀에게 아서 길먼이라는 사람이 운영하는 케임브리지 여학교를 추천해준다.

헬렌은 1896년 9월에 그 학교에 입학한다. 바로 같은 해에 아버지 아서 켈러가 멀리 터스컴비아에서 세상을 떠난다. 그녀는 이제 '죽음'이 무엇인지를 안다. 이는 그녀에게 아버지의 몸을 더는 만질 수 없고, 아버지의 냄새를 더는 맡을 수 없음을 의미한다. 어쩌면 그녀는 자기가 어렸을 때 아버지의 얼굴 앞에 어떤 종이가 있던 때를 기억할지도 모른다. 이것이 아버지에 대한 최초의 기억이다. 당시에는 아버지가 종이로 무엇을 하는지가 그녀에게 하나의 수수께끼였다.

물론 앤 설리번의 자리를 대신할 수 있는 사람은 아무도 없다. 그녀는 다시 헬렌 옆에 앉아 선생님들의 강의하는 내용을 일일이 헬렌의 손바닥에 적어주었다.

교장 선생님인 아서 길먼은 자신의 유명한 여학생과 의사소통을 하기 위해 손가락 철자를 익혔다. 아울러 독일어 여선생님과 헬렌의 동료 여학생 몇 명도 그것을 배웠다. 헬렌은 보고 들을 수 있는 동년배 여학생들과 처음으로 함께 공부하게 되었다. "그녀는 어느 섬에 조난당한 사람 같았다. 그 섬의 주민들은 그녀가 모르는 언어를 사용하고, 그녀와 전혀 다른 경험을 한 사람들이었다. 나는 하나고, 그들은 여럿이어서 타협은 불가능했다. 나는 그들의 눈으로 보고, 그들의 귀로 듣고, 그들의 언어로 사고하는 법을 배워야 했다."

성탄절에 헬렌의 어머니와 동생 밀드레드가 왔다. 아서 길먼이 오라고 초청한 모양이었다. 케이트 켈러가 남편을 떠나보낸 지 석 달 만의 일이었다. 자신을 돌볼 대책을 세우지 못한 채 그녀는 홀몸으로 어린 세 자녀와 빈곤하게 지내고 있었다. 그리고 결정을 내리고 책임을 지는 일에도 익숙하지 않았다. 때는 19세기 말이라 남편이 모든 일의 주도권을 쥐고 있었다. 그리고 케이트 켈러는 나중에 자신의 딸 헬렌과는 달리 이런 현상을 의문시하지 않았다. 사정이 이러하니 길먼 교장으로서는 그녀의 신뢰를 얻는 것이 어렵지 않았을 것이다. 헬렌의 학교 교육을 위한 수업료는 헬렌의 친구들이 그녀의 교육을 위해 설립한 어느 재단에서 나왔다.

헬렌의 여동생 밀드레드는 열 살이었다. 어쩌면 케이트 켈러는 밀드레드의 장래 걱정을 길먼 교장에게 털어놓았을지도 모른다. 어쨌거나 그는 밀드레드를 무료로 학교에 받아들여 주었다. 이는 사람들이 추측하듯이 그녀가 푸른 눈을 지녀서가 아니라 유명한 헬렌 켈러의 동생이었기 때문이다. 헬렌의 존재는 난데없이 케임브리지 여학교에 커다란 명성을 안겨주었다. 외국에서 기자들이 몰려왔고, 저명한 사람들도 찾아왔다. 그리고 우편물이 산더미처럼 밀려들었다. 헬렌 켈러의 명성에 적이 만족한 사람으로 아서 길먼이 첫 번째 사람은 아니었다. 케이트 켈러가 떠나고 밀드레드는 케임브리지 여학교의 학생으로 남게 되었다.

헬렌은 1학년을 성공적으로 보냈지만, 2학년 때는 대수와 기하학 때문에 무지 애를 먹었다. 이제 더 이상 어린아이가 아니라 열일곱 살의 예의 바르고 생기발랄한 소녀로 자라난 그녀는 사람들에게 관심을 기울인다. 젊은 시절을 다 보내고 이제 서른한 살이 된 앤 설리번은 몸이 뚱뚱해지기 시작하며, 우울증에 시달린다. 그리고 혹사당한 눈의 통증으로 시력을 잃지 않을까 우려해서 번번이 치료를 받아야 한다. 그녀는 학교에서 기분이 별로 좋지 않아 되도록 빨리 그곳을 벗어나고자 한다.

앤과 길먼 사이의 관계가 팽팽하게 긴장되어 있고, 둘 사이에 주도권 다툼이 벌어지기 시작한다. 길먼은 헬렌이 대수와 기하학을 어려워하는 것을 계기 삼아 애당초 3년 예정이던 수업 연한을 1년 정도 더 연장하려고 한다. 앤은 이의를 제기한다. 길먼은 애니가 헬렌에게 너무 무리한 요구를 한다고 비난한다. 헬렌 켈러 자신은 나중에 이 사정에 대해 이렇게 썼다. "선생님과 나는 내가 버텨낼 수 있다는 사실을 정확히 알고 있었다. 나 자신의 소망은 열심히 끈기 있게 공부하는 것이었다. 그리고 선생님은 내가 가려고 하는 길만 따르셨다. 선생님은 선생님의 적대자들이 '절대적인 혹사'라고 부른 나의 배움에의 열망을 결코 만류할 수 없었다."

헬렌을 걱정한다는 핑계로 길먼은 쿠데타를 준비하고 있었다. 그 쿠데타로 그는 앤 설리번을 떨쳐버리고 헬렌에 대한 주도권을 쟁취하고자 했다. 길먼은 케이트 켈러에게 편지를 써서 헬렌의 건강이 무척 좋지 않으며, 앤 설리번이 그녀를 가혹하게 다루어 그녀의 삶을 말할 수 없이 혹사한다고 알렸다.

헬렌을 늘 애니의 자식으로도 간주한다는 편지를 며칠 전만 해도 애니에게 보냈던 케이트 켈러는 길먼에게 전보를 보내 헬렌에 대한 전권을 오로지 그에게만 위임했다.

이러한 전보를 손에 쥔 길먼은 헬렌의 아버지도 죽기 전에 자기 딸이 애니와 결별하기를 바랐다는 사실을 상기시킨 후 앤 설리번을 해고한다. 물론 그는 이때 앤이 가로막고 있던 자신의 목표들을 아서 켈러가 수행하려 한 사실은 언급하지 않았다. 그는 헬렌을 밖에 내보이며 돈벌이하기를 희망했다.

반면에 케이트 켈러와 애니는 헬렌의 교육이 우선한다고 생각했다. 헬렌 켈러는 자신을 가족 내에서 돈의 원천으로 생각하면서 자신의 문제를 둘러싸고 밀고 당기고 하는 것에 전혀 관여할 수 없었다. 가족 말고 외부 사람들이 자신의 명성을 이용해 돈을 벌려고 하는 시도가 여러 번 있었다는 사실만 알 뿐이었다. "여러 가지 불미스러운 경험을 겪으면서 세상 물정을 알게 된 선생님은 우리를 돕겠다는 많은 사람이 사실 자신들의 목적을 위해 나를 이용하려 한다고 의심의 눈길을 보냈다. 일어난 사건들로 판단해보건대 길먼 선생님 역시 이런 비난으로부터 자유로울 수 없었다."

길먼은 아이를 혹사하는 사람을 내쫓고, 의지할 데 없는 피보호자를 자신의 집무실로 부르고는 헬렌 앞에서 자신이 올곧은 교장 선생님처럼 보이려고 노력했음을 상상해도 되겠다. 길먼은 애니에게 당장 이곳을 떠나라면서, 그녀의 물건들은 나중에 찾으러 오라고 말했다.

애니는 헬렌 곁을 떠나갔다. 그녀는 자포자기한 심정으로 강물에 풍덩 뛰어들고 싶은 마음이 굴뚝 같았다. 길먼은 자신이 목적한 소기의 성과를 거두었다.

애니에게 그 전보는 하나의 충격이었다. 그리고 보스턴에는 애니가 자신의 문제를 의논할 만한 사람들이 많지 않았다. 하지만 애니는 자신에게 수많은 적뿐만 아니라 친구들도 몇몇 있다는 사실을 알고 있었다. 그녀는 풀러 부부에게 자문을 구했다. 이들은 애니와 함께 이 일을 어떻게 처리할까 곰곰 생각했다. 그러고는 당장 그날로 케이트 켈러, 그레이엄 벨, 그리고 다른 친구들에게 전보를 띄웠다.

풀러 부부를 등에 업은 애니는 다음 날 아침 학교로 되돌아와서는 헬렌과 밀드레드에게 면담을 요청했다. 그 전날 밤에 길먼은 자신의 전리품을 집으로 끌고 가려 했다. 두 소녀는 같이 가기를 거부했다. 밀드레드 혼자라면 필경 같이 갔을 것이다. 그런데 애니가 자기 집에 처음 왔을 때처럼 갑자기 다시 외롭게 된 헬렌, 귀먹고 눈먼 헬렌이 못 가겠다고 완강히 버틴 것이다. 길먼은 결국 두 사람을 이들의 여사감에게 맡기고는 이들이 그곳에서 나가지 못하도록 지시했다.

마침내 애니가 사로잡혀 있는 두 사람에게 가보니 이들은 가여운 상태에 있었다. 밀드레드는 울부짖고 있었고, 창백하고 얼어붙은 표정의 헬렌은 음식도 먹지 않고 잠도 자지 않았다. 오후가 되자 소식을 듣고 놀란 친구 중에 에드 체임벌린Ed Chamberlin이 달려왔다. 그는 보스턴의 《트랜스크립트Transcript》에서 일하는 신문기자였다. 일이 이쯤 되니 길먼 교장은 헬렌과 밀드레드를 내놓을 수

밖에 없었다.

길먼의 쿠데타는 실패로 돌아갔다. 그는 애니와 헬렌 사이의 유대감이 너무 강하고, 둘에게 이토록 좋은 친구들이 있다는 사실을 고려하지 않았던 것이다.

에드 체임벌린은 애니, 헬렌, 밀드레드를 자기 집으로 데려갔다. 그는 보스턴에서 그리 멀지 않은 렌섬에서 자신의 가족과 함께 살고 있었다. 이리하여 음모의 마지막 장면에는 그 악당 말고 그 사건에 관련된 모든 인물이 체임벌린의 레드 팜Red Farm에 속속 모여들었다. 케이트 켈러는 앤 설리번의 전보를 받은 후 북쪽으로 가는 다음 열차를 집어 탔고, 존 히츠는 그레이엄 벨의 특사로 왔다. 길고 흰 수염을 지닌 노신사인 히츠는 청각장애인용 물품을 파는 볼타사 사장이었다. 그리고 그는 애니와 헬렌을 위해 아버지 같은 존재가 되었다. 그는 하루는 애니와 함께 피딩 힐스로 가서 자신의 신분을 감춘 채 애니의 가족 근황을 알아봐 주기도 했다.

사람들은 벽난로 주위에 앉아 있었다. 헬렌과 애니는 끔찍한 일을 이겨낸 뒤 마음이 홀가분해져 있었다. 추측건대 케이트 켈러는 길먼한테 보낸 전보 때문에 다소 계면쩍어하고 있었을 것이다. 그 교장 선생이 헬렌이 과로로 중병에 걸렸다고 자신에게 거짓말했다는 사실을 그녀는 이제 자신의 두 눈으로 확인할 수 있었기 때문이다.*

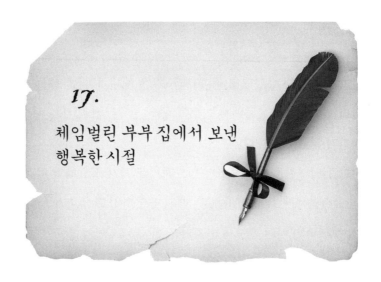

17.
체임벌린 부부 집에서 보낸 행복한 시절

밀드레드는 자신의 어머니와 함께 터스컴비아로 되돌아갔다. 애니와 헬렌은 레드 팜의 체임벌린 부부 집에 머물러 있었다.

길먼의 비난이 전혀 근거 없는 것은 아니라는 감정을 가졌을지도 모르는 애니는 헬렌에게 더 많은 명예를 주려고 결심한 것 같다. "선생님은 이제 나를 어린애처럼 다루지 않았다. 즉 내게 더 이상 명령을 내리지 않았다."

둘에게 행복한 시절이었다. 체임벌린 부부에게는 많은 친구가 있었고, 보스턴에서는 시인, 문필가, 화가들이 찾아왔다. 애니는 책들에 관한 대화를 나누면서 이들에게 받아들여진 느낌이었다. 그녀는 이해했고 이해받았으며, 우울증은 해소되었다. "약간의 배려, 참을성 및 유머로 그녀의 영혼의 주름살이 펴질 수 있다는 사실이 감동적이었다."

헬렌을 가르친 가정교사는 손가락 문자를 터득하지 못한 사람이었다. 그래서 애니가 다시 한 번 통역해야 했다. 하지만 이번에는 삶이 고통스럽고 힘든 것만은 아니었다.

겨울 동안에는 썰매를 탔고, 나중에 날이 좀 더 따뜻해졌을 때는 주위에 농장이 펼쳐진 호숫가로 멀리 산책갔다. 그리고 가끔가다 말을 타기도 했다. 헬렌이 탄 말은 안전끈에 매어져 있었고, 추락할 경우를 대비하여 마부가 고삐와 함께 그것을 손에 쥐고 있었다. 그런데 헬렌은 말을 혼자 타는 것을 더 좋아한 모양이다. 그녀는 거칠게 타는 것을 좋아했고, 까다로운 말을 좋아했다. 그리고 피가 나서 말에서 떨어진 것을 숨길 수 없을 때만 그런 사실을 인정할 뿐이었다.

여름에는 호수에서 수영을 했는데, 이때 헬렌은 허리에 기다란 밧줄을 감았다. 수영과 노 젓는 법을 그녀는 벌써 어린 소녀 때 배웠다. "친구들이 찾아와서 강을 노 저어 갈 때보다 더 즐거운 것은 아무것도 없다. 보통 내가 노 젓는 동안 누군가가 키를 잡는다. 하지만 가끔은 키잡이 없이 노를 젓기도 하고, 강가에 자라는 수련睡蓮이나 덤불을 따라 움직이기도 한다. 나는 노가 단단히 고정되게끔 혁대로 노를 붙들어 매고, 노가 언제 균형이 잡혀 있는지는 물의 저항으로 알아챈다. 조그맣고 단단한 배가 나의 의지와 힘에 따라 위아래로 넘실거리며 반짝이는 물결을 가르며 미끄러지듯 나아가고, 내가 끊임없이 물이 부딪히는 것을 느낄 때 가장 상쾌한 기분을 느낀다."

누군가에게서 2인승 자전거를 선물 받은 헬렌은 애니와 함께 하이킹을 갈 수 있었다. 그리고 농장 주인은 그녀를 농장으로 데리고 다니며 오래된 나무와 참나무, 보리수에 대해 이야기해주었다. 이로써 그녀는 나무껍질의 감촉이며 나뭇잎 모양을 알게 되었다. "내게는 나무 친구가 있었다. 레드 팜의 앞마당으로 통하는 대문 옆에서 자라는 보리수였다. 끔찍한 뇌우가 휘몰아치던 어느 날 오후 나는 집의 벽 가에서 무언가가 쾅 하고 무너지는 느낌을 받았다. 누군가가 내게 말해주기 전에 나는 보리수가 쓰러졌다는 것을 알았다. 수많은 폭풍우에도 끄떡없었던 보리수가 넘어진 것을 알았을 때 내 가슴은 찢어질 듯이 아팠다."

잠을 자는 중에 그녀가 '많은 물이 첨벙거리는 소리'를 듣는 일이 일어났고, 때로는 그녀가 '놀라운 불빛'을 찾아가는 일이 일어났다. "나는 그 불빛이 사라질 때까지 보고 또 본다."

한여름에는 갓 베어낸 건초 냄새가 그녀의 '장소와 시간관념'을 혼란스럽게 했다. "나는 다시 오래된 붉은 헛간에 들어가 있다. 나의 꼬마 친구들과 나는 건초 더미에서 논다. 그것은 신선하고 달콤한 맛이 나는 거대한 건초 더미이다. 그 꼭대기에서는 아주 어린 아이라도 서까래에 도달할 수 있다. 아래의 마구간에는 농장의 동물들이 서 있다. 고집불통이고 못생긴 제리가 진짜 비관주의자처럼 귀리를 우적우적 씹어 먹는다. 별로 좋아하지 않는데도 억지로 먹는 것 같다. 나는 열성적이고 고마움을 아는 조그만 브라우니를 다시 쓰다듬어 준다. 그 녀석은 쓰다듬어 주기만 하면 아무리 맛있는 사료라도 언제든 버리고 달려올 준비가 되어 있다." *

18.
래드클리프 대학에 입학하다

1899년 6월에 헬렌 켈러는 래드클리프 대학교 입학시험에 합격했다. 그리고 7월 초 입학허가서를 손에 쥐었지만 여학장인 아그네스 어윈으로부터 자신이 래드클리프 대학에서 환영받지 못했다는 이야기를 들어야 했다.

보스턴과 케임브리지에는 그녀와 앤에게 벌써 많은 적이 있었다. 한편으로는 눈멀고 귀먹은 소녀에 대한 시기와 질투심 때문이기도 했지만, 다른 한편으로는 앤 설리번이 몇몇 사람에게 심한 모욕을 했기 때문이기도 했다. 헬렌 켈러는 그녀에 대해 이렇게 썼다. "그녀는 뻣뻣하고 거만할 수 있었다. 자신과 견해가 다른 사람들에게 신경을 써서 설득하려는 대신 이들에게 자신의 주장을 반복 주입하는 것이 그녀에게는 명예의 문제였다."

입학허가서를 받은 지 일 년 뒤 헬렌 켈러는 마침내 온갖 반대에도 불구하고 래드클리프 대학에서 공부하기 시작했다.[44] 아니, 그 같은 반대 때문에 공부했을지도 모른다. 나중에 왜 하필이면 래드클리프 대학에서 공부했느냐는 질문을 받았을 때 그녀는 주저 없이 이렇게 대답했다. "이들이 나를 원하지 않았기 때문에요."

스무 살이 된 헬렌 켈러는 무언가를 보여주려고 했다. 다른 모든 학생처럼 자신이 그 대학교의 학생이라는 사실을 입증하려고 했다.

학생들 사이에서 애칭으로 코피Copey라고 불린, 그녀의 영어 교수인 찰스 코플랜드는 그녀의 보고서에서 무언가를 알아냈음이 분명하다. 헬렌은 다른 모든 학생처럼 행동하기를 그만두고, '그녀 자신'의 시각에서 인생에 대해 쓰려고 했다. 그러자 코플랜드는 자신을 흥미롭게 하는 무언가를 헬렌이 성취해낼 수 있을 거라고 그녀에게 말했다. 헬렌은 자신의 유년 시절에 대해 쓰기 시작했다. 코플랜드는 그녀가 쓴 글을 그녀 몰래 〈레이디스 홈 저널Ladies Home Journal〉지에 계속 넘겨주었다. 그 잡지사는 계약서와 함께 편집자를 대학에 보낸다. 헬렌 켈러는 자신의 전기를 계속 쓰기로 하고 3천 달러의 사례금을 받는다. 그 사례금은 잡지에 싣는 대가로 받는 돈이고, 책으로 낼 때의 인세는 저자가 따로 받게 된다.

---

44) 헬렌은 "로마에서 추방되면 로마 밖에서 살면 된다."는 로마의 현자가 남긴 말을 명심하며 장애물을 극복하리라 결심한다.

헬렌 켈러는 서명을 한다. 그러고는 곧 자신이 도를 지나쳤음을 깨닫게 된다. 그녀는 현재 대학공부를 하는 중이다. 언제나 그렇듯이 애니가 통역을 해주어야 하고, 브라유 판版이 없어서 그녀 스스로 읽을 수 없는 모든 글을 그녀의 손바닥에 적어주어야 한다. 그리고 애니는 점점 더 시력이 떨어져가고 따끔거리는 눈으로 자신이 이해하지 못하고, 자신에게는 아무런 의미도 없는 단어들을 사전에서 찾아보아야 한다. 그리고 아직 끝까지 쓰지 못했는데도 〈레이디스 홈 저널〉에서 벌써 공개하기 시작한 헬렌 켈러의 전기를 쓰기 위한 자료 모으는 일도 이젠 도와주어야 한다.

이제 즐거운 생활도 끝이다. 썰매 타기, 산책, 말타기며 하이킹을 더는 할 수 없게 된다. 오직 일만 할 뿐이다. "토끼의 흔적을 추적하되 번번이 놓쳐버리고 마는 사냥개처럼 글들이 내 손에서 미친 듯이 날뛰었다."

힘들게 일했지만 얻는 것은 아무것도 없었다. 대학공부는 헬렌 켈러가 꿈꾸어 온 것과 아무런 관계가 없었다. 그녀는 자신이 2년 더 대학을 다니리라는 것, 그리고 '미라들[45]'이 그녀의 상황에 이례적으로 명백한 그녀의 말들을 십중팔구 알아보아, 그녀의 삶을 더욱 힘들게 하리란 것을 알고 있었다. 그럼에도 심지어 자신의 자서

---

45) 대학 시절 친구들과 잘 어울리지 못한 헬렌은 그들을 박제가 된 미라처럼 생각하고 있었다.

전에서 이런 사실을 기술할 정도로 대학공부는 너무 실망스러웠다. "대학은 내가 생각한 보편적인 아테네가 아니다. 이곳에서는 위대하고 현명한 남자들과 직접 대면할 수 없으며, 이들의 생생한 숨결을 느낄 수 없다. 이들은 사실 존재하지만 미라가 된 것 같다. 내가 보기에 많은 학자는 위대한 문학 작품을 접할 때 우리의 즐거움이 우리 지성의 날카로움보다는 우리의 공감의 깊이에 더욱 달려 있음을 망각하고 있는 것 같다."

앤 설리번도 나중에 헬렌과 그녀가 이 4년 동안 아무런 소득 없이 죽도록 고생만 했다고 생각했다. "헬렌이 그토록 힘든 상황에서 시험을 치렀다는 사실이 그녀에게는 중요했다. 하지만 그녀의 교육과 관련해 생각해볼 때 찰스 코플랜드 교수가 베푼 헌신적인 도움을 제외한다면 나는 4년 동안의 대학 교육을 시간 낭비라고 생각한다."

자신의 힘겨운 삶을 묘사하는 책을 써서 성공을 거두기란 쉬운 일이 아니다. 그런 책을 쓰면서 동시에 학업을 병행하는 것은 보고 들을 수 있는 정상적인 사람들 대부분에게도 힘에 버거운 일일 것이다. 그런데 보고 듣지 못하는 헬렌 켈러는 여자들이 집에서 가사를 돌보던 시절에 대학공부를 한다. 그와 동시에 언어를 통해 외부로 통하는 길을 발견한 갇혀 있던 자로서의 자신의 삶에 관한 글을 쓴다. 이 전기에 새의 이미지가 번번이 등장하는 것은 우연이 아니다. 그렇지만 저자는 자신이 언젠가 새를 보았거나, 그런 이야기를 들은 것을 기억하지 못한다. 하지만 그녀는 새들의 이름, 콕콕 쪼는 부리, 날개에서 나오는 부드러운 바람을 알고 있다. 그녀에게 새들은 자유의 상징이자, 자유와 환상, '말없이 일하는 자'의 상징이다. 새가 없었더라면 언어도 육체라는 새장에서 빠져나오도록 그녀를 도와줄 수 없었을지도 모른다.

원기 왕성한 이 두 여자의 힘도 무궁무진한 것은 아니다. 이들은 엄청난 압박에 짓눌린다. 헬렌은 계속 헛수고라는 감정과 씨름해야 한다. "나는 누구나 지금 당장 절실히 필요한 것을 꿈속에서 찾는다는 일이 어떤 것인지에 대해 절망적인 경험을 했으리라 생각한다. 그리고 추구하던 목표가 실패로 끝날 때 고통스럽고 피곤한 감정을 느낄 것으로 생각한다. 때로는 머릿속에 윙윙거리는 현기증을 느끼며 무엇 때문에, 어디로 가는지 알지도 못한 채 높이 더 높이 기어 올라간다. 그러나 무언가를 붙잡으려 맹목적으로 자꾸 손을 내뻗으면서도, 나는 고통스럽고 열정적인 노력을 포기할 수 없다. 꿈이란 불합리한 것이라서 거기엔 물론 아무것도 붙잡을 게 존재하지 않는다. 나는 허공에 손을 내뻗으며, 그런 다음 깊이 점점 더 깊이 추락한다. 그리고 떨어지는 중에 나는 그토록 불안정하게 움직이는 대기 속에 해체되어 없어진다."

〈레이디스 홈 저널〉의 발행자는 여러 번이나 자신의 다음 판 때문에 걱정해야 한다. 전보가 오고 가며, 애니와 헬렌은 마지막 남은 힘을 짜내야 한다. 발행자는 나중에 회고하듯이 지옥을 걸어가는 기분이다.

헬렌과 애니에게는 도움이 필요하다. 한 여자 친구가 하버드 선생인 존 메이시를 이들에게 소개해준다. 존 메이시는 손가락 문자를 배우며, 헬렌이 지금까지 쓴 것을 '낭독'해주기 시작한다. 이제 셋이 힘을 합쳐 헬렌의 전기를 계속 써내려 간다. 후일 미국의 저명한 문학 평론가가 되고, 감정이입 능력과 언어 감각을 지닌 존 메이시는 헬렌을 도와 그녀의 자료를 정리하고 하나의 형식을 발견하게 해준다.

헬렌 켈러는 기억력이 비상했다. 하지만 뛰어난 기억력만 가지고는 책이 출간된 지 백 년이 지난 오늘날에도 여전히 생생한 느낌을 주고 읽을 만한 가치가 있는 이 책의 불가사의한 점을 설명할 수 없다. 쓴 내용을 금방 다시 읽지 (그리고 고치지) 못하면서 쓴다는 것이 어떤 의미를 지니는지 상상할 수 없을 것이다. 헬렌 켈러는 모든 것, 즉 문장의 리듬, 단어 선택, 문장의 이미지, 이 모든 연관 관계를 머릿속에 넣고 있어야 했고, 이전과 나중을 미리 염두에 두어야 했다. 그녀가 벌써 다시 '텍스트의 바깥에' 있게 되어, 텍스트가 자신에게 낯설게 되었을 때는 자신이 말하려는 바를 이야기했는지 먼저 확인할 수 있었다.

1902년 3월에 헬렌 켈러의 자서전 《내가 살아온 이야기》[46)]가 책으로 나왔다. 그녀의 전기 말고도 거기에는 엄선한 편지들도 실렸는데, 그 마지막 편지에는 그녀 '자신'의 시각에서 글을 쓰라고 요구한 찰스 코플랜드에게 보내는 편지가 실려 있었다. "10월에 선생님 수업에 들어왔을 때 나는 온 힘을 다해 다른 모든 정상적인 학생처럼 되려고 노력했으며, 나의 장애와 특수한 삶의 형편을 되도록 잊으려 노력했습니다. 하지만 지금 나는 맞지 않는 마구馬具를 가지고 별을 향해 마차를 끄는 일이 참으로 어리석은 일이라고 생각됩니다. 나는 다른 사람들의 인상과 관찰을 늘 보편타당하다고 간주해왔습니다. 스스로 관찰하고, 나 자신의 인상을 기술하는 것이 그럴 만한 가치가 있으리라고는 결코 생각하지 않았습니다. 지금부터는 나 자신이고자 하고, 나 자신의 삶을 살고자 하며, 내게 생각이 있다면 나 자신의 생각을 기술하고자 합니다."

출판업자와 존 메이시는 앤 설리번이 소피아 홉킨스에게 보내는 편지 중에서 고른 몇몇 편지와 퍼킨스 맹아학교를 위해 쓴 보고서의 발췌문을 마음대로 이용할 수 있게 해달라고 그녀를 설득했다. 이런 식으로 앤 설리번이 소피아 홉킨스에게 보낸 편지들이 일부나

---

46) 헬렌 켈러는 이 자서전을 알렉산더 그레이엄 벨 박사에게 바친다. "듣지 못하는 사람들에게 말하는 법을 가르쳐주고, 들으려는 의지만 있다면 대서양에서 로키산맥에 이르는 미국 전역의 사람들에게 들을 수 있게 해준 알렉산더 그레이엄 벨 박사님께 이 책 《내가 살아온 이야기》를 바칩니다."

마 보존되게 되었다. 나머지 편지는 다락방에 놓아두었다가 비에 젖는 바람에 사라지고 말았다.

그 책에 대한 평가와 편지가 줄을 이었다. 그리고 비판이 있었다. 헬렌 켈러는 자신이 모르는 일에 관해 글을 쓴다는 비난을 받았다. "비교적 덜 고통받는 보통 인간처럼 그녀를 평가하려 한다면, 우리는 켈러 양의 자서전 대부분을 비양심적인 것으로 칭해야 할지도 모른다."*

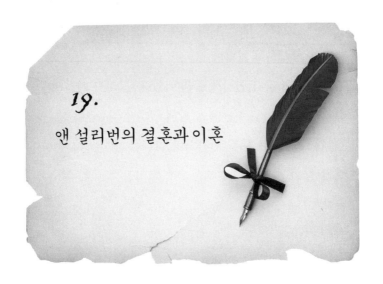

19.
앤 설리번의 결혼과 이혼

앤 설리번과 존 메이시 사이에 모종의 관계, 헬렌 켈러가 배제된 관계가 진행된 사실을 그녀가 언제 눈치챘는지 우리는 알지 못한다.

추측건대 그녀는 그 두 사람이 함께 있을 때는 항상, 또는 거의 항상 같이 있는다. 비록 그녀가 둘이 보내는 눈길을 보지 못하고, 둘이 서로 이야기할 때 변하는 목소리를 들을 수 없을지라도 '선생님'이 예전만큼 자기를 위하지 않는 순간이 있음을 어느 틈엔가 눈치채지 않을 수 없다. 20대 초반인 그녀는 남녀 사이의 사랑을 책을 통해서만 알고 있다. 하지만 그녀는 존이 오면 변화된 분위기, '선생님'의 발소리가 밝아지는 것을 느낀다. 애니가 이러한 사실을 직접 말하기 전에 그녀는 어쩌면 이미 예감하고 있을지도 모른다. 그녀는 질투와 시기심으로, 애니와는 달리 분명히 지니고 있었던 저 '내적인 영역'으로 움츠러들었을지도 모른다.

앤 설리번뿐만 아니라 존 메이시도 그녀가 배제된 느낌을 갖지 않도록 주의했을 것이다. "내가 볼 수 있다면 무엇보다도 결혼할 것이다."라고 나중에 그리움에 차 술회한 그녀 자신은 이 상황에 순응하기 위해 온갖 노력을 다했다. "모든 것은, 어둠이나 정적조차도 나름대로 불가사의한 점이 있다. 그리고 나는 어떤 상황에서도 내 처지에 만족하는 법을 배운다. 물론 이따금 홀로 삶의 닫힌 문 앞에 기다리며 앉아 있을 때는 차가운 안개처럼 외로움의 감정이 나를 엄습하기도 한다. 저 안쪽에는 불빛과 음악, 유쾌한 모임이 있다. 하지만 나는 안으로 들어갈 수 없다. 운명은 말없이 무정하게 내 앞길을 가로막는다. 나는 운명을 순순히 받아들이지 않을 것이다. 내 가슴은 아직 길들여 있지 않고 정열적이기 때문이다. 하지만 내 혀는 끈질기게 내 마음에 떠오르는 혹독하고 무의미한 말을 하려 하지 않는다. 그리고 그 말들은 쏟아지지 않은 눈물처럼 내 가슴속으로 다시 들어가 버린다. 침묵이 나의 영혼에 차곡차곡 쌓인다. 그런 다음 희망이 미소 지으며 다가와 내게 나지막이 속삭인다. '자신을 잊어버리는 가운데도 즐거움이 있다'고."

헬렌의 '다른 절반'은 양심의 가책을 받으며 괴로워하고, 자신을 배신자처럼 생각하며, 존 메이시의 사랑에 응답하지 않기로 결심한다. 그런데도 그에게 이끌리는 느낌을 받는다. 이들은 언어에 대한 열정, 문학[47]에 대한 사랑과 같은 많은 점에서 공통점이 있다.

존 메이시가 청혼했을 때 앤 설리번은 뭐니 뭐니 해도 제일 먼저 헬렌 생각을 한다. 애니는 헬렌을 떠날 수 없다고 말한다. 그는 애니가 헬렌에게서 떠나길 기대하지 않는다고 확실하게 말한다. 그렇지만 그녀는 마음의 갈등을 겪는다. 그녀는 사랑과 그녀에게 방해되는 모든 것 사이에서 이리저리 흔들린다.

존 메이시는 애니보다 열한 살 어리다. 애니는 30대 후반이다. 그녀가 사랑에 빠진 것이 이번이 처음은 아니었다. 하지만 우리가 알기로는 진지하게 사랑하기는 처음이다. 그녀가 아직 성적 경험을 하지 않은 것은 분명했지만, 튜크스베리의 빈민구호소에 있을 때 많은 사실을 들었다. 그녀가 그곳에서 알았던 소녀들은 임신하고 방치되었으며, 거의 모두 한 남자로 인해 불행의 구렁텅이에 빠졌다. 비록 그녀가 그것에 대해 말하지는 않았지만 자기 어머니의 운명을 항시 염두에 두었음이 분명하다. 그리고 남자들한테서는 아무런 좋은 것을 기대할 수 없다고 마음속으로 확신하고 있었다. 그래서 자신에게 접근해오는 남자마다 물리쳤을 것이다.

---

[47] 작가와 그들의 문학 작품을 사랑한 헬렌은 문학이 자신의 유토피아이고, 그녀는 그 나라의 당당한 일원이라고 말한다. 책의 나라에서 그녀의 친구들과 친교를 나누는 데는 보고 듣지 못하는 자신의 신체적 장애는 아무 문제가 되지 않는다는 것이다.

존 메이시는 그리 호락호락하게 물러나지 않았다. 그는 헬렌과 함께, 헬렌을 위해 일했으며, 그녀가 완강하게 거부하는 몸짓을 보일 때는 유머와 참을성을 가지고 애니를 만났다. 그녀는 그의 청혼을 받아들였다. 그런 다음 취소했다가 다시 받아들였다.

헬렌 켈러와 앤 설리번은 보스턴 인근 마을인 렌섬Wrentham의 농장을 하나 사들였다. 그곳에서 둘은 체임벌린의 손님으로서 말할 수 없이 행복한 시절을 보냈다. 14에이커[48] 넓이인 그 농장은 보스턴에서 전차로 한 시간 걸리는 곳에 있었다.

헬렌이 혼자 움직일 수 있도록 농장에 줄과 철사를 친다. 그녀가 전기를 쓰는 일은 다 끝났지만 압박은 사라지지 않았다. 그녀는 학업은 아직 끝마치지 못했다.

스물네 살이 된 그녀는 대학을 '우등[49]'으로 졸업하고 전 세계적으로 유명해진다. 시험을 치를 때 그녀는 아무런 특전도 부여받지 않는다. 여러 해가 지난 후에야 래드클리프 대학은 본교 졸업생인 헬렌을 자랑스럽게 생각한다.

헬렌이 졸업 시험을 치른 후에도 애니는 결혼해야 할지, 말아야 할지 계속 망설였다.

---

48) 17,138평에 해당하는 넓이이다.

49) 쿰 라우데(cum laude).

"나는 보스턴에서 열린 행사에 참가해 맹인 문제를 이야기하고 존이 통역을 했다. 그런 후 어느 날 저녁 나는 선생님의 방에 앉아 있었다. 선생님은 내가 청중 앞에서 말할 때 무척 예쁘고 우아했다고 말했다. 그리고 자신은 결코 결혼하지 않을 거라고 통고했다. '오, 선생님' 하고 내가 소리쳤다. '선생님이 존을 사랑하면서도 떠나보낸다면 나 자신이 끔찍한 장애물처럼 생각될 겁니다!'"

앤 설리번과 존 메이시는 1905년 5월 2일 렌섬에 있는 집의 거실에서 결혼식을 올렸다. 선생님은 서른아홉 살이었고, 존은 스물여덟 살이었다. 신부의 들러리는 헬렌 켈러밖에 없었다.

결혼식에는 소피아 홉킨스, '양아버지' 존 히츠, 케이트 켈러, 존이 애니와 헬렌에게 데리고 온 친구들, 그리고 메이시의 가족이 참석했다.

질투심이 생기지 않느냐는 질문에 헬렌 켈러는 이제 아니라고 말했다. 자기는 한 사람을 잃은 것이 아니라 또 한 사람을 얻었다는 것이다.

애니는 집을 열어놓고 살았다. 소피아 홉킨스는 애니의 집에 찾아와서 몇 달 동안 지냈으며, 케이트 켈러와 존 히츠도 찾아왔다. 헬렌은 혼자가 아니었고, 늘 누군가가 함께 있었다. 하지만 그녀는 자신의 또 다른 '절반'을 다른 사람과 나누어 가져야 했다. 이제 그녀는 마음에 들지 않는다고 발버둥 치는 어린아이가 아니었다. '행복이란 삶의 법칙에 복종할 때 얻어지는 최후의 완전한 열매'임을 그녀는 배우기 시작했다. 그리고 이러한 '삶의 법칙'을 따르고, 결혼한 이후 더 이상 왔다가 다시 돌아가는 방문객이 아니라 늘 한집에서 같이 살아가는 존을 위해 자리를 내어줄 준비가 되어 있었다.

그녀는 스물다섯 살이었고, 자기보다 세 살밖에 나이가 많지 않은 존 메이시와 계속 신체접촉을 가졌다. 그에게서 어쩌면 좋은 냄새가 났고, 감촉도 좋았을지도 모르지만 어쨌든 그는 '선생님'의 남편이었다.

헬렌 켈러는 자기 없이 부부가 둘만의 시간을 보낼 공간을 마련해주어야 한다는 사실을 알고 있었다. 그녀는 아무 불평 없이 뒤로 물러났을 것이고, 애니가 없더라도 접촉을 지속하려고 끈질기게 노력했을 것이다. 그녀는 이들 부부의 발소리에 '귀를 기울이며' 고립된 느낌을 받지 않으려 했다. 그녀는 모든 발소리를 알고 있으며, 그것으로 누구인지 분간할 수 있다. 그녀는 방바닥에서 나는 발들의 다양한 진동을 감지한다. "걸어가는 사람의 나이, 성별, 성격에 따라 발소리가 서로 구별된다. 토닥토닥 걸어가는 아이들 발소리와 어른 발소리를 혼동하는 일은 있을 수 없다. 젊은 남자의 힘차고 자유분방한 발걸음은 중년 남자의 묵직하고 신중한 발걸음이나 발을 질질 끌며 걷거나 느릿느릿 힘없이 발을 떼는 늙은 남자의 발걸음과 구별된다. 소녀는 중년 부인의 둔중한 발걸음과는 판이하게 잽

싸고도 발랄하게 발걸음을 옮긴다. 나는 새로 산 신발에서 나는 딸그락거리는 소리와, 부엌에서 뚱뚱한 여자 요리사가 빠른 속도로 춤출 때 나는 발소리를 듣고 웃음을 머금었다. 하루는 호텔의 식당에서 불협화음이 들려 나는 주의를 기울였다. 조용히 앉아 귀를 기울였다. 종업원 두 명이 오가는 소리였지만 발소리가 똑같지는 않았다. 오케스트라가 연주되고 있었고, 나는 바닥을 흘러가는 것처럼 음악의 물결을 느낄 수 있었다. 한 종업원은 음악의 박자에 맞춰 우아하고도 경쾌하게 걸어 다녔다. 반면에 다른 종업원은 음악에 신경 쓰지 않고, 자기 마음속의 그릇된 불협화음에 따라 식탁에서 식탁으로 바쁘게 움직였다."

날이면 날마다 우편물이 산더미처럼 쌓였다. 어린 학생들은 편지를 보냈고, 부모들은 조언을 구했다. 다들 무언가를 원했다. 헬렌 켈러는 미국인의 모범적인 상이 되었다. 귀먹고 눈먼 아이들의 교육을 장려하려고 헬렌 켈러가 1904년 세인트루이스에 왔을 때 그녀를 보기 위해 사람들이 인산인해를 이루었다. 그녀와 애니는 군중을 헤집고 길을 내며 앞으로 나아가야 했다. 그녀는 흰옷을, 애니는 검은 옷을 입고 있었다. 이윽고 연단에 올라섰을 때 이들의 옷은 찢어졌고 모자에는 장미 몇 개가 떨어져 나가고 없었다.

존과 애니가 결혼했을 때 사실 이미 헬렌 켈러가 유명했지만, 존은 당시에 (아직) 그것이 무슨 의미인지 알지 못했다. 나중에 그는 이렇게 볼멘소리를 했다. "헬렌 켈러는 하나의 인간이라기보다는 오히려 하나의 기관이 되어버렸어."

존은 그녀 앞에서 책을 읽어주었고, 문학 활동을 하라고 계속 조언했다. 그는 공부할 때 눈을 너무 혹사해서 시력이 나빠진 애니에게 책을 읽어주었다. 그리고 애니가 때때로 우울증에 시달릴 때 유머로 이를 이기도록 도와주었다. "선생님은 좀 더 자신을 다스리는 법을 터득하게 되었고, 동물 조련사처럼 우울한 기분을 다루는 법을 알게 되었다. 하지만 가끔 그녀의 투덜거리는 소리가 들렸고, 그럴 때면 존이 그녀의 기분을 풀어주었다."

아직 서른 살이 되지 않은 존은 너무 많은 것을 주어야 했다. 많이 주면서도 끊임없이 배려해야 했다. 찾아오는 방문객들은 대개 노쇠했고, 헬렌은 완전히 의존적이었다. 애니는 반쯤 앞이 보이지 않았고, 한결같지 않았으며, 늘 기분이 오락가락했다. "소박한 심성을 지닌 사람들은 종잡을 수 없고 정체를 알 수 없는 선생님의 본질로 인해 종종 화가 났다. 그리고 현명한 사람들도 그녀의 본성을 늘 올바르게 평가할 수는 없었다."

그토록 열렬히 아이를 원하다가, 또다시 헬렌이 이 세상에서 제일 중요하다고 분명하게 말하는 이 여자에 대해 존 메이시도 때로는 갈피를 잡을 수 없었을 것이다. 메이시 부부는 서로를 위한 시간을 별로 갖지 못했을 것이다.

헬렌은 《내가 사는 세계The World I Live In》라는 새 책을 쓰기 시작했다. 존은 에드거 앨런 포[50]의 자서전을 집필했고, 정치에 참여하여 사회주의자가 되었다. 당시에 미국에서 사회주의를 신봉하면 사회적으로 매장당할 위험성이 있었다. 마침내 헬렌 켈러도 사회주의를 신봉한다고 고백[51]하자 미국 여론은 그녀가 잘못된 길로 유혹당해 메이시 부부의 희생물이 되었다면서 자신들의 모범적인 상을 구해내려고 했다.[52] 그녀는 '가련하고 어린 헬렌 켈러'라고 불렸다. 그리고 어떤 영향력 있는 후원자이자 친구는 거의 서른이 된 헬렌 켈러에게 편지를 써서 자신이 그녀 엉덩이를 마구 때려주겠다고 했다.

---

50) 에드거 앨런 포(Edgar Allan Poe 또는 Edgar Poe, 1809~1849): 미국의 작가·시인·편집자·문학 평론가이다. 미국 낭만주의의 거두이자 미국 문학사에서 매우 중요하게 취급되는 작가이다. "시련이 없다는 것은 축복받은 적이 없다는 것이다."라는 유명한 말을 남긴 그는 미스터리 작품들로 유명하며, 미국 단편 소설의 선구자이기도 하다. 또한 추리소설이라는 장르를 최초로 만들어냈다고 평가받으며, 나아가 과학소설 장르의 형성에 이바지했다. 그는 저술과 집필을 통해서만 생활하려 한 미국 최초의 전업 작가이며, 이 때문에 생전에 심한 재정난과 생활고를 겪으며 유년기를 제외한 평생을 불행하게 살았다.

51) 헬렌 켈러는 29세 때인 1909년 미국 사회당(Socialist Party of America, 1901년 창당)에 입당하였으며, 미국 사회당의 대통령 후보자인 유진 뎁스의 모든 대통령 선거운동을 지원하였다. 그 후 공개서한 '나는 어떻게 사회주의자가 되었나'를 발표하고, 방송 출연을 통해 자본주의를 비판했다.

52) 평등을 주된 사회적 목표로 정한 헬렌 켈러는 노동자의 권리, 여성 참정권 운동, 사형 폐지 운동, 아동 노동과 인종 차별 반대 운동을 실천했다. 그녀의 이러한 활발한 사회참여에 대해 보수주의 언론들은 "헬렌 켈러가 누군가에게 조종당한다."라며 비난했는데, 이에 대해 헬렌은 "나는 노동자를 착취하는 공장, 빈민가에도 방문했다. 볼 수 없을지라도, 냄새는 맡을 수 있었다."라며 자신의 의지에 따라 사회참여를 하고 있음을 밝혔다.

몇 년 후 미국의 제1차 세계대전 참전에 반대하는 연설을 하면서 헬렌 켈러는 자신의 정치적 태도에 대한 입장을 밝혔다. "내가 나를 잘못된 길로 이끌고, 인기 없는 일을 대변하도록 설득해 자신들의 대변자로 삼는 파렴치한 사람들 수중에 있다고 생각해 나를 동정하는 사람들이 있습니다. 단연코 말하자면 나는 이러한 동정을 결코 원치 않습니다. 나는 나 자신이 무슨 말을 하는지 알고 있습니다. 내가 얻는 정보의 원천은 다른 사람들의 그것만큼이나 믿고 신뢰할 만합니다. 내게는 영국, 프랑스, 독일 및 오스트리아에서 발행되는 신문들이 옵니다. 나는 이것들을 직접 읽을 수 있습니다. 내가 아는 모든 편집인이 다 자신의 견해를 내게 주입할 수는 없습니다. 많은 사람은 독일어나 프랑스어에 간접적으로 만족해야 합니다."

1909년에 헬렌 켈러는 사회주의 정당[53]에 가입했고, 바로 그해에 존 메이시는 브룬스위크에 집을 하나 샀다. 그는 주소를 바꾸면 곤경을 벗어날 수 있으리라 생각해서인지 렌섬을 떠나려고 했다.

우리는 이들 각자에게 무슨 일이 일어났는지 알지 못한다. 관련

---

53) 헬렌 켈러는 1909년에 미국 사회당에 가입한 이후 사회당이 분열하자, 이에 실망하여 1912년에 세계산업노동자단체(IWW)에 가입했으며, "의회 사회주의는 정치의 수렁에 빠지고 있다."라고 말했다. 그녀는 1916년과 1918년 사이에 IWW를 위한 글을 썼다. '내가 왜 IWW가 되었나'라는 글에서 헬렌 켈러는 시각장애인들에 대한 그녀의 걱정으로 인해 실천적 행동에 나서게 되었다고 그 동기를 설명했다.

자들은 입을 꼭 다물었고, 얼마 남지 않은 자신들의 사생활을 성공적으로 보존했다. 존에게는 모든 일이 너무 벅찼을 것이다. 그가 부드럽고 남의 마음을 잘 헤아리는 사람으로 그려지기는 하지만, 나중에 헬렌과 애니가 렌섬의 집에서 살지 못하게 한 말다툼이 있었음이 분명하다. 애니와 존 사이의 말다툼에 대해 헬렌은 아무것도 보지도 듣지도 못했다. 이들의 움직임은 언제나 그렇듯이 안에서나 바깥에서나 어디서든 그녀에게 노출되어 있었다.

"최근에 나는 잘 아는 숲으로 다가갔다. 느닷없이 코를 방해하는 냄새가 나서 언짢은 심정으로 발걸음을 멈추어야 했다. 그런 다음 일정한 간격으로 우르릉 쾅쾅 소리가 나더니 묵직하고 둔중한 천둥소리가 뒤따랐다. 나는 이러한 냄새와 땅의 흔들림을 너무나 잘 알고 있었다. 나무들이 땅에 쓰러졌다. 나는 왼쪽의 돌담 벽 위로 기어 올라갔다. 돌담 벽은 내가 너무나 오랫동안 좋아해서 내 것이라는 느낌이 든 숲과 경계를 이루고 있다. 하지만 이날은 지금까지와는 달리 쇄쇄 하는 공기와 내게 익숙하지 않게 밀려오는 태양열이 나의 친구들인 나무들이 없어졌음을 말해주었다. 그곳은 버려진 집처럼 텅 비어 있었다. 나는 손을 뻗어보았다. 예전에는 크고 멋지고 향내 나는 가문비나무들이 단단히 뿌리박고 있던 곳에서 지금은 젖은 나무 그루터기들이 만져졌다. 주위에는 죽은 사슴의 뿔처럼 부러진 가지들이 온통 널브러져 있었다."

존 메이시와 헤어지기 전에 애니가 우울증에 시달릴 때면 헬렌은 자기 자신에게로 도로 내동댕이쳐졌고, 방임된 채로 있었을 것이다. "그럴 때면 선생님은 가장 가까운 친구들의 진심 어린 관심에도 응답할 수 없었다. 그녀는 이들을 피해 숲으로 도망쳤다. 또는 물 근처에 있을 때면 물가의 배 밑에 몇 시간 동안이나 숨어 있었다. 하지만 그런 다음에는 자신의 친구들 곁으로 되돌아가 용서를 구했다."

뉴욕 주의 세넥테이디Schenectady에서 사회주의자가 시장으로 뽑혀 비서를 필요로 했을 때 앤 설리번과 존 메이시는 결혼한 지 7년이 되었다.

존 메이시는 애니와 떨어져 지낼 수 있는 기회를 이용했다. 그는 세넥테이디로 갔고, 애니와 헬렌은 렌섬에 남았다.

존이 떠나버리자 애니는 병에 걸렸다. 그녀가 무슨 병에 걸렸는지 우리는 알지 못한다. 수술을 받아야 한 그녀는 초주검 상태로 쇠약해져 헬렌의 손바닥에 작별을 고하는 글을 적을 수도 없었다. 혼자서 살아갈 수 없는 헬렌은 워싱턴의 친구들에게 보내졌다. 레노레 스미스와 그녀의 남편이 그 친구들이었다. 이들은 10년 전에 헬렌을 존 메이시에게 소개한 사람들이었다.

분명 애니만 심신이 아팠던 것이 아니라 헬렌도 절망에 맞설 아무런 기력이 없었다. "나는 영원한 걸림돌이자 짐이며 장애물이자 기생충에 불과하다. 소란을 피우는 방해꾼인 나는 모든 계획을 뒤죽

박죽으로 만들어버리며, 끔찍하게 부담스러운 존재이다."

존 메이시는 세넥테이디에서 맡은 자신의 직위를 포기하고 렌섬으로 되돌아왔다. 애니의 건강은 회복되었다. 떠난 지 한 달 후에 헬렌은 다시 집에 돌아왔다.

헬렌의 어머니가 앨라배마에서 왔고, 존 메이시는 유럽 여행을 떠났다. 애니는 시력이 너무 나빠 책을 보는 즐거움조차 누릴 수 없었다. 그녀는 그 공허감을 음식으로 메우려 해서 하루가 다르게 몸이 뚱뚱해져 갔다.

이미 전년도에 헬렌 켈러가 드문드문 강연을 시작한 후 두 여자는 1914년 초 케이트 켈러와 함께 미국 전역으로 강연 여행을 다녔다. 앤 설리번 메이시가 강연의 '번역'을 담당했다.

애니, 헬렌, 존은 편지를 주고받았으나 그해가 가기 전에 애니는 자신의 남편을 잃어버렸음을 고백하지 않을 수 없었다. "1914년 말 선생님은 일생일대의 슬픈 일을 겪었다. 가슴을 찢는 듯한 슬픔에 잠겨 그녀는 자꾸 나의 사랑을 한없이 요구했다. 며칠 동안 선생님은 넋 나간 듯 방안에 틀어박혀 어떻게 하면 존을 되돌아오게 할 수 있을까 하고 별별 궁리를 다 했다. 또한 더 이상 돌봄을 받지 못하는 여자들이 그러듯이 목 놓아 울기도 했다."*

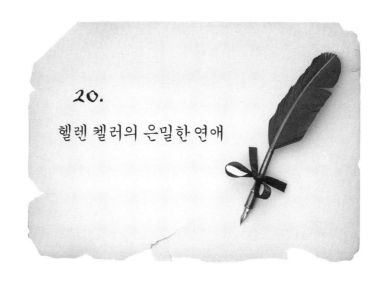

20.

헬렌 켈러의 은밀한 연애

이제 존은 영영 떠나가 버렸다. 두 여자는 다시 둘만 남게 되었다. 헬렌은 한 친구에게 이렇게 편지 썼다. "우리의 가슴은 지난해의 둥지처럼 텅 비어 있다."

헬렌과 애니에게는 도움이 필요했다. 도와주겠다는 사람이 많이 나타났지만, 이들 가운데 두 사람의 일상생활을 감당할 수 있는 사람은 아무도 없었다. 헬렌과 애니가 필요로 하는 것은 숭배자가 아니라 자신들의 눈과 귀가 되어주며 모든 것을 신경 써주는 듬직한 인물이었다.

1914년 말 이들은 글래스고 출신의 스코틀랜드 여자인 폴리 톰슨Polly Thomson을 고용했다. 그녀는 보스턴 부근에 사는 친척을 방문하러 왔다가 미국에 남으려고 했다.

폴리 톰슨은 안정감이 있었고 자제력이 있었으며, 손가락 문자를 익힐 용의가 있었다. 그녀는 문학에는 관심이 없었다. 그녀는 언어의 불가사의한 점을 알지 못했지만 열차 시간표, 시가지도, 국가지도를 읽을 수 있었고, 가계를 꾸려나갈 수 있었으며, 필요할 때는 직접 요리도 할 수 있었다. 그녀는 애니에게 글을 읽어줄 수 있었고, 전화나 대문에서 사람들을 뿌리칠 줄 알았으며, 헬렌과 애니를 마차에 태워 돌아다닐 수 있었다.

오늘날 이들의 책은 전 세계에서 수백만 부가 팔렸지만, 당시만 해도 헬렌이 글을 써서 번 돈은 자신과 애니의 생계비를 대기에도 빠듯했다. 그래서 두 사람은 '강연'으로 돈을 벌어들여야 했다.

첫 연설 여행이 끝나자 케이트 켈러는 둘을 렌섬으로 도로 데려갔고, 그런 다음 그녀는 앨라배마의 몽고메리로 가서 그사이에 결혼한 딸 밀드레드의 집에서 살았다.

다음 여행에는 폴리 톰슨이 동행했다.

헬렌 켈러는 1913년 2월, 뉴저지 주의 몽클레르에서 생애 최초의 연설을 했다. 그렇지만 그녀는 자기의 목소리가 어떠한지 알지 못했다. 아는 것이라곤 애니가 '번역'해야 했다는 사실밖에 없었다. "내 마음 깊디깊은 곳까지 불안과 공포로 가득 차 있었다. 나의 뇌는 얼어붙은 것 같았다." 그럼에도 그녀는 연설했다. 그리고 자신의 목구멍에서 폭발이 일어나는 느낌을 받았다. 보고 들을 수 있는 사람들도 대중 앞에서 연설하는 것을 두려워하는 법이다. 어떤 사람은 너무 겁을 집어먹는 바람에 목소리가 제대로 나오지 않기도 한다. 이는 곤혹스러운 일이지만 사람들은 적어도 무슨 일이 일어나는지는 알고 그 연설을 듣는 것이다. 헬렌 켈러는 아무것도 듣지 못한다. 나중에 사람들은 그녀에게는 폭발처럼 생각되었던 것이 자그마한 속삭임에 불과했다고 말한다. 그녀가 목소리를 높이면 꽥꽥거리는 소리로 들리고, 목소리를 보다 낮추면 '벽돌이 떨어지며 부서지는' 소리처럼 느껴진다.

하지만 헬렌 켈러의 연설은 청중에게 '먹혀든다'. 그녀는 빛을 발하며 대중의 인기를 끌게 된다. 그리고 얼마 안 가 의복에 이르기까지 대중의 관심사가 된다. 사람들은 그녀가 흰옷을 입어 천사처럼 나타나기를 바란다.

늘 똑같은 식으로 연설이 진행된다. 그녀는 연설하고, 애니가 번역한 다음 질문을 받는 식이다. 사람들은 잠을 잘 때 그녀가 눈을 감는지 물어본다. 그녀는 이러한 사실을 알기 위해 깬 적이 결코 없다고 대답한다.

세 번째의 미국 일주 여행이 임박하자 폴리 톰슨은 스코틀랜드의 자기 가족을 방문한다.

이번에는 헬렌 켈러와 그녀의 해방이 아니라 여러 나라가 전쟁을 개시할 수도 있다는 점이 주된 문제가 된다. "나는 세계를 나의 조국으로 간주합니다. 그래서 내게는 어떤 전쟁이든 가족 간의 불화처럼 끔찍한 일입니다. 내게 진정한 애국심이란 사람들이 형제처럼 지내고 서로를 위하는 데에 그 본질이 있습니다."

존 메이시는 헬렌과 애니를 따라다니며 폴리가 하던 일을 맡을 수 있는 젊은 남자를 소개해준다. 그의 이름은 피터 페이건Peter Fagan이고 직업은 기자이며, 단호히 전쟁을 반대하는 사회주의자이다.

그 여행은 완전한 실패로 끝난다. 나라는 온통 전쟁에 초점을 맞추고 있다. 사람들은 헬렌 켈러가 설파하는 평화의 복음에 전혀 관심이 없다. 하지만 비서가 헬렌에게 반하는 일이 일어난다. 그는 스물아홉 살이고, 헬렌은 서른여섯 살이다. 그는 예전의 존 메이시처럼 그녀와 대화하기 위해 손가락 문자를 배웠다. 이들은 기차에서 함께 앉고, 호텔에 같이 숙박하며, 집회 장소에 같이 가서 행사를 치른다.

헬렌과 피터 사이에 일어나는 일을 애니가 눈치챘는지 우리는 알지 못한다. 애니는 여행 중에 몸을 가누기도 힘들었다. 그녀는 병이 나 기침을 했다. 그리고 실의에 빠져 있었고, 존 메이시와 헤어진 충격에서 아직 헤어 나오지 못하고 있었다. 그녀는 거의 아무것도 보지 못했고, 눈이 아팠다. 쓰러지지 않기 위해 무진 애를 써야 했다.

헬렌은 행복한 나날을 보냈다. 다시 렌섬의 집으로 돌아온 그녀는 '어두컴컴한 물에 둘러싸인 채 기쁨의 조그만 섬에서' 살았다. 몰래 축복을 누리는 가운데 그녀의 마음속에서는 죄의식이 싹텄다.

애니가 늑막염에 걸렸을 때 폴리 톰슨은 아직 스코틀랜드에 있었다. 켈러 부인은 헬렌을 돌보기 위해 몽고메리로 여행을 떠났다. 켈러 부인은 피터 페이건이 사회주의자라서 마음에 들지 않았다. 그리고 자신의 딸과 그 젊은이 사이에 무슨 일이 생겼음을 느꼈을지도 모른다.

두 사람은 물론 손에 손을 잡고 멀리 숲으로 산책 다녔다. 그러니까 헬렌은 다른 사람이 이끌어주어야 하기 때문이었다. 하지만 어쩌면 케이트 켈러는 딸이 예전과는 다른 방식으로 이 남자와 손잡고 다니는 것을 보았을지도 모른다. 초가을의 따스한 날씨, 황금 불빛, 밝게 빛나는 나뭇잎들. 헬렌 켈러는 이 모든 것을 볼 수는 없지만 수많은 마음의 불빛을 가지고 있다. 하지만 그녀는 이를 밖으로는 숨겨야 하거나, 또는 못마땅해하는 어머니나 기침이 호전될 기미가 보이지 않는 병든 선생님이 알지 못하게 숨겨야 한다고 생각한다.

의사 선생님은 애니가 결핵에 걸릴까 봐 우려한다. 그는 애니에게 산속으로 가라고, 뉴욕 주의 애디런댁스에 있는 요양지인 플래시드 호수로 가라고 충고한다.

피터 페이건은 헬렌 켈러에게 결혼 신청을 한다.[54] 그녀는 이를

---

54) 작가 로지 술탄(Rosie Sultan)은 《사랑에 빠진 헬렌 켈러Helen Keller in Love》라는 소설을 썼다. 헬렌 켈러는 30대에 자신의 비서이자 보스턴 헤럴드 기자인 7세 연하의 피터 페이건과 사랑에 빠져 비밀 약혼을 하고 사랑의 도피를 하려고 했다. "나는 그녀를 보통 사람들처럼 낭만적·육체적 욕구가 있는 여자로 생각하지 않았다."고 술탄은 <허핑턴 포스트>의 한 블로그에 글을 실었다. 두 사

받아들이지만, 일단은 아무에게도 이런 사실을 이야기하지 말자고 피터와 약속한다. 애니의 몸 상태는 하루가 다르게 악화한다. 그녀는 숨이 넘어갈 듯이 기침한다. 그리고 자신의 어머니와 남동생이 결핵에 걸려 죽었음을 기억에 떠올린다.

헬렌은 나중에 이때 자신이 "오색영롱한 꿈에 휩싸인 채 천국에서처럼" 살았다고 적고 있다. 그렇지만 그녀는 '선생님'에게 제3자가 있음을 털어놓지 못한다. 하지만 이번에는 그 제3자가 헬렌에게 속하는 사람이다. 추측건대 그녀는 한 발만 천국에 있고, 다른 한 발은 지옥에 있었을지도 모른다. 그녀는 애니에게 무한한 고마움을 느낀다. 애니가 없었더라면 자신이 성취한 것을 하나도 이룩하지 못했을 거라는 사실을 알고 있다. 그녀는 애니에게 '빚지고' 있음을 알고 있다. 그래서 이에 걸맞게 죄의식을 느끼는 것이다.

애니는 플래시드 호수로 요양을 떠나기로 결심한다. 애니 혼자서는 이미 더는 여행할 수 없어서 폴리가 그녀를 데리고 갈 것이다.

람은 사회주의라는 정치적 열정을 공유하고 몰래 사랑을 키워나간다. 피터 페이건은 헬렌에게 새로운 세계를 열어준다. 그러나 장애가 있는 여자는 결혼해서는 안 되고, 또는 심지어 성적 갈망이 있어서는 안 된다는 사회적 편견에 부딪힌다. 술탄은 자신의 책에서 헬렌 켈러의 삼중 장애의 극복과 엄청난 명성이 그녀를 순결한 성녀의 이미지에 가두었다고 주장한다. 그렇지만 그녀는 평등과 타인의 인권, 때로는 성애에 관해 소리 높여 말할 수 있었다. 반면에 다른 사람들을 위해 추구한 권리가 그녀 자신에게는 허용되지 않았다.

헬렌 켈러와 피터 페이건은 은밀히 결혼 예고를 한다. 하지만 헬렌 켈러는 이런 일을 몰래 하기에는 너무 유명하다. 그녀는 방에 앉아 어머니의 격분한 발소리를 느낀다. 어머니는 총총걸음으로 달려와 딸의 손바닥을 쿵쿵 두드리며 조간신문에 난 기사를 그녀에게 알린다. 어머니는 딸이 약혼했으며, 피터 페이건과 결혼하려고 한다는 게 정말인지 딸에게 따지며 묻는다.

헬렌은 아니라고 발뺌을 한다. 그녀는 그 말이 사실이 아니라고 말한다. 그녀는 래드클리프 대학을 '우등'으로 졸업했으며, 저술가이며 유명한 여자이다. 경제적으로 어머니로부터 독립했고, 노 젓기, 말타기, 자전거 타기, 수영을 할 수 있다. 하지만 그녀의 어머니나 그녀 자신이 보기에 남자가 있어서는 안 된다. 그래서 그녀는 분노한 어머니에게 아니라고 부인하고, 자기 것이 아닌 물건을 집은 아이처럼 발뺌하는 것이다.

그녀는 미국 특유의 내숭 떨기에 반기를 들었고, 자신의 정치적 입장을 표명했다. 그녀는 여성의 인권을 위해 일했다. 그녀는 옳다고 생각하면 관습에 따르지 않을 권리를 주장했지만 분노하는 어머니 앞에서는 어린아이가 된다.

남부에서 교육받아 철두철미 관습을 중시하는 여자인 케이트 켈러는 50대 후반이다. 존 메이시가 애니를 떠난 후 그녀는 이렇게 말했다. "분명 선생님에게는 모든 가능한 거창한 계획들이 있었다. 그리고 다방면으로 능력을 지닌 존 같은 남자가 그녀의 계획을 실현하는 데 큰 도움이 될 수 있었을 것이다. 그리고 이제 그녀가 꿈꾼 삶이 그녀 위에서 무너져 내린다." 케이트 켈러는 마치 존 메이시가 자신의 야심을 실현하기 위한 도구에 불과한 듯이 말한다. 그래서 엄밀히 말하자면 그를 잃어버려서 고통스러운 게 아니라 자신의 야심 찬 계획이 무너져버려 고통스러운 것이다.

케이트 부인은 애니에게 아무것도 이야기하지 말라고 딸에게 요구한다. 이는 분명 애니를 걱정해서가 아니라, 애니가 자신과 다른 반응을 할지도 모르며 심지어 혹 헬렌 편을 들지도 모른다고 우려했기 때문이다.

케이트 켈러는 피터 페이건을 바깥으로 쫓아낸다. 그래서 그는 바깥에 내버려진 상태가 된다. 거의 서른 살이 된 그지만 헬렌과 직접 대화하게 해달라고 주장하지 않는다. 그는 브라유 점자로 편지를 써서 자신이 어디에 있는지 헬렌에게 알린다. 그리고 자신에게 편지를 써달라고 그녀에게 부탁한다. 둘은 몇 달 동안 '몰래' 편지를 주고받다가 편지가 끊어지게 된다.

그 이후로 헬렌 켈러와 피터 페이건은 다시는 서로 만나지 못했다.*

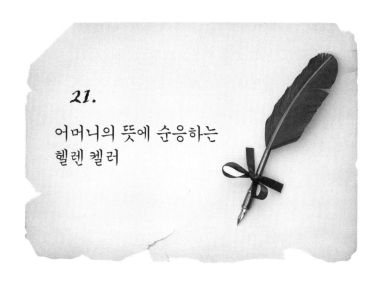

21.
어머니의 뜻에 순응하는
헬렌 켈러

추측건대 폴리와 함께 플래시드 호수로 떠날 때 애니는 헬렌의 연애 이야기에 대해 아무것도 알지 못한 것으로 보인다.

혼자 남은 헬렌은 실의에 빠졌다. "내가 어젯밤 이별의 아픔을 어떻게 견뎠는지 알지 못하겠다. 우리가 마차로 다가갔을 때 느닷없이 외로움과 알 수 없는 불안의 감정이 내게 밀려들었다. 어떤 잔인한 운명이 내게서 그대를 영원히 앗아갈 것만 같았다."

애니와 폴리가 떠난 지 일주일 후에 케이트 켈러는 헬렌과 함께 앨라배마의 몽고메리로 갔다.

플래시드 호수의 의사들은 애니의 병이 결핵임을 확인했다. 애니는 이 의사들을 신뢰하지는 않지만, 그 진단을 의심하지는 않았다.

날씨는 좋지 않았다. 그녀는 자신이 외롭고 기진맥진한 상태에 있음을 느꼈다. 그녀는 동료 환자들을 좋아하지 않았다. 브라유 점자는 그녀에게 힘들었다. 그녀에게 숙달된 솜씨가 무뎌졌고, 20년 전부터는 그 글자를 더 이상 활용하지 않았다. 그녀는 헬렌에게 이렇게 편지 썼다. "그게 나에게 어떤 의미를 지니는지, 석필의 감촉이 손에 얼마나 신기한지 너는 알지 못한다. 마치 발가락으로 우주의 구멍을 뚫는 기분이지." 하지만 헬렌과 직접 소통하려면 그것밖에 없었다.

모든 게 말할 수 없이 끔찍하다. 애니는 잡지에서 푸에르토리코의 사진을 본다. 야자수, 바다, 태양. 애니는 삶으로 되돌아온다. "폴리, 우리 푸에르토리코로 가자!" 그곳까지 배를 타고 가는 데 무려 11일이나 걸린다.

애니는 섬에서 편안한 기분을 느낀다. 마치 전에 이곳에 와본 듯한 느낌이 든다. 모든 게 환상적이다. 유일하게 없는 게 있다면 그것은 헬렌이다. 헬렌한테 자기를 찾아올 것인지 그녀는 몇 번이고 묻고 또 묻는다.

헬렌은 가고 싶지만, 그녀의 어머니는 원하지 않는다. 케이트 켈러는 푸에르토리코에 대해 무언가 좋지 않은 감정이 있다. 우리는 그게 무엇인지 알지 못한다. 그녀에게는 푸에르토리코 사람들에 대한 평판이 좋지 않다는 선입견이 있다. 어쩌면 케이트 켈러는 그저 여행하고 싶은 생각이 없었을지도 모른다.

헬렌은 아무런 불평 없이 어머니의 뜻에 순응한다. 그녀는 여동생 부부의 집에서 어머니와 함께 산다. 어린 시절 이래로 처음으로 그녀는 남부의 가족 집에서 비교적 오랫동안 시간을 보낸다. "나는 나의 본질뿐만 아니라 사고방식 면에서 내가 사랑하는 사람들과 얼마나 다른지 깨닫게 된다."

애니는 세상 돌아가는 형편을 알고 있고, 이들에게서 직접 시달림을 당했다. 둘은 이제 너무나 오랜 세월을 같이 보내서 서로 의사소통을 위해 많은 말을 주고받을 필요가 없다. "나는 너의 가족 곁에서 네가 정말로 생각하는 바를 말할 수 없다는 것을 알고 있어."

헬렌이 아무런 부담 없이 홀가분하게 대할 수 있는 유일한 사람은 그녀 여동생의 아이들이다. 남부 사람들의 생각과 감정이 그녀에게 낯설고 혐오스럽게 느껴졌다. "나는 나와 이곳 사람들 사이에 늘 바다가 가로놓여 있다는 느낌을 받는다. 무지와 편견, 계급의식과 자기만족이라는 짭짤한 바다가."

헬렌은 고통에 시달리고, 애니는 행복한 나날을 맞는다. 그녀의 삶에서 처음이자 마지막으로 넉 달 동안 완전히 시름을 잊고 지낼 수 있게 된다. 그런 다음 미국이 독일에 선전포고[55]를 한다. 그래

---

55) 1917년 4월 7일 미국의 윌슨 대통령은 치머만 전보(Zimmermann Telegram) 사건이 일어나

서 애니와 폴리는 다음 배를 타고 헬렌과 케이트 켈러가 기다리는 뉴욕으로 간다.

네 여자는 렌섬으로 가지만, 단지 집을 비우기 위해 갈 뿐이다. 헬렌과 애니는 더는 그곳에서 살기를 원치 않는다. 무엇보다 헬렌은 '슬픈' 기억에서 벗어나고자 한다.

이들은 여름을 버몬트의 세인트 캐서린 호숫가의 오두막에서 보낸다. 가을에는 애니의 용태가 호전된다. 그녀는 플래시드 호수로 가서 진찰을 받아본다. 그 결과 결핵에 걸리지 않았다는 사실이 밝혀진다. 오진으로 인해 그녀는 생애에서 가장 홀가분한 시절을 보낼 수 있게 된 것이다.*

자 고립주의를 깨고 독일에 선전포고를 한다. 그 전에 1915년의 루시타니아호 격침 사건, 그 후의 아라빅호 침몰 등으로 미독 관계가 악화해, 미국이 연합국 측에 가담할 가능성이 커지자, 독일이 선수를 치기 위해, 외무 장관인 아르투르 치머만이 주멕시코 독일대사에게 보낸 전보가 감청되었다. 영국으로부터 전보를 건네받은 미국은 경악을 금치 못한다. 만약 미국이 협상국 측으로 참전할 경우, 멕시코가 독일 편으로 참전한다면 미국이 빼앗아간 캘리포니아와 텍사스 등 미국 남부를 멕시코에게 넘겨주겠다는 것이다. 그러자 미국 내에서는 반독 여론이 폭발해 결국 대독 선전포고를 하기에 이른다. 윌슨 대통령이 당시 "전 세계의 민주주의를 지키기 위해 독일에 선전포고한다."라고 선언하자, 헬렌 켈러는 "(미국 백인들이) 수많은 흑인을 학살하는 상황에서 우리의 지배자는 세계 평화와 민주주의를 지키기 위해 싸우고 있다고 말할 수 있는가?"라는 비판으로 윌슨 대통령의 도덕주의(Moralism)가 얼마나 표리부동한지 신랄하게 비판하기도 했다.

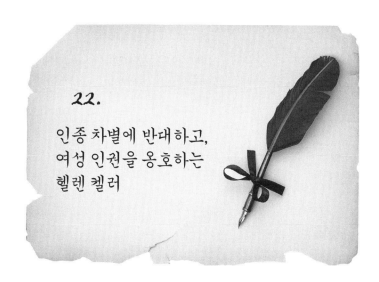

22.
인종 차별에 반대하고, 여성 인권을 옹호하는 헬렌 켈러

헬렌과 애니는 롱 아일랜드의 포레스트 힐스Forest Hills에 집을 한 채 구입했다. 가끔 존 메이시가 이곳을 방문했다. 그는 여전히 애니와 결혼한 상태에 있었지만, 더 이상 그녀의 남편은 아니었다.

애니는 이제 시력이 너무 나빠져서 산책길에 더 이상 헬렌을 데리고 나갈 수 없을 정도였다. 그럼에도 그녀는 헬렌이 전쟁으로 실명한 군인들을 위한 기금을 모으고, 그 남자들에게 용기를 북돋워 주려고 이 병원 저 병원을 돌아다닐 때 기꺼이 동행했다. 그리고 헬렌이 처음으로 보드빌 공연[56]을 하기로 합의를 하자 그녀는 함께 가

---

56) 보드빌(vaudeville): 1890년대 중엽에서 1930년대 초 사이에 미국에서 인기 있던 가벼운 연예 쇼. 서로 연관성이 없는 10~15가지의 개별 공연으로 이루어지며, 마술사와 광대, 희극배우, 길들인

서 참여했다. 자신한테 집중되는 불빛을 받자 애니는 눈이 아팠다. 그렇지만 헬렌은 눈이 아프지 않아서 이러한 사실에 공감할 수 없었다. 그래도 애니는 아무런 불평도 하지 않았다.

1920년 뉴욕에서 멀지 않은 마운트 버논에서 첫 공연을 가졌다. 헬렌은 이제 마흔이고, 애니는 쉰넷이다. 무대의 막이 올라갔다. 멘델스존의 '봄 노래'가 울려 퍼지며 애니가 무대에 올랐다. 애니는 헬렌이 누구인지 말하고, 그녀를 자신이 어떻게 가르쳤는지 설명한 뒤 무대에서 내려온다. 그런 다음 헬렌이 등장한다. 그녀는 몇 분 동안 말한 다음 관중의 질문에 답한다. 그녀는 자신의 공연을 즐기며, 자신의 말이 먹혀든다는 것을 감지한다. 무대의 분위기에 헬렌은 생기를 띠며, 은막의 스타보다 더 많은 돈을 번다. 그녀는 20분 동안만 무대에 등장한다. 연설 여행에서와는 달리 더 이상의 책임은 지지 않는다.

이러한 행태에 헬렌 켈러를 추종하는 집단은 경악을 금치 못한다. 나라의 천사가 광대와 곡예사의 무리에 끼이다니! 사방에서 항의 편지가 쏟아진다. 헬렌 켈러는 이에 대해 아무렇지 않다는 듯 냉담한

동물, 곡예사, 가수 및 무용수들이 출연한다. 보드빌은 영국의 뮤직홀과 버라이어티 쇼에 해당한다. 1896년에는 손님을 더 많이 끌어들이고 쇼 중간에 극장을 정리하기 위해 영화가 보드빌 쇼에 도입되었다. 영화 상영시간은 차츰 늘어났고, 1927년경 '유성영화'가 등장한 뒤에는 완전히 뒤바뀌어 영화 전편을 상영하고 보드빌을 '추가공연'으로 덧붙이는 것이 관례가 되었다. 1930년대의 대공황과 라디오 및 텔레비전의 발전은 보드빌의 급속한 몰락을 가져왔고, 제2차 세계대전 뒤에는 사실상 완전히 모습을 감추었다.

200

태도를 보인다. 나중에 그녀는 이렇게 쓴다. "일부 지나치게 예민한 사람들이 충격을 받았지만 나는 이를 대수롭지 않게 생각했다."

그녀는 인습적인 사고방식으로부터 자유로우며, 일상생활에서는 극히 예속적이지만 생각은 극히 자유분방하다. 그녀는 인종 차별에 반기를 들고, 여성 인권을 옹호하며, 자신을 비판하는 사람들에게 의식적으로 저항했다.

토론토에서 애니가 유행성 감기에 걸리자, 폴리가 그녀 일을 대신 떠맡는다. 다시 건강을 회복하자 애니는 하던 일을 계속하지만, 또 몇 달 후 이를 포기한다. 기관지염에 걸려 겨우 속삭이는 소리밖에 낼 수 없어서다. 그녀가 하던 일을 다시 폴리가 대신한다.

폴리 톰슨은 전에 애니가 하던 모든 일을 하나하나씩 떠맡는다. 이제 어느덧 일반 대중은 애니가 헬렌 켈러 곁에 있다는 사실을 더 이상 의식하지 않는다. 이제 메이시 부인으로 불리는 그녀는 때때로 이런 질문을 받는다. "그럼 앤 설리번은 어떻게 되었나요?" 기자들은 그녀와 폴리 톰슨을 혼동하여, 폴리 설리번이나 앤 톰슨, 또는 앤 설리번 톰슨이라고 적기도 한다.

마지막 순간까지 애니는 뒷전에 물러서 있다. 심지어 그녀가 1931년 필라델피아의 템플 대학으로부터 명예박사 학위를 받을 때조차 기자들은 헬렌에게 몰려든다. 그녀와 대화하려고 하는 사람은 단 한 사람밖에 없다. 그녀는 이를 유머 있게 받아들인다. "내가 왕관을 쓰는 순간에도 여왕은 헬렌이다." *

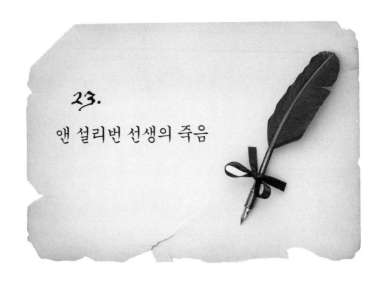

23.
앤 설리번 선생의 죽음

1929년에 애니는 오른쪽 눈을 들어내는 수술을 받아야 했다. 왼쪽 눈은 아직 10% 정도의 시력이 남아 있었다. "그녀는 자신을 돌보아주는 사람들을 너무 성가시게 할까 봐 걱정했다. 그녀는 한때 겪었던 어두운 시절을 생생하게 기억하고 있었기에 빛에 대한 요구가 말할 수 없이 컸으며, 이러한 빛에서 멀리 떨어져 유배 생활로 되돌아가는 것을 받아들이기가 무척 어려웠다."

이젠 눈먼 상태에 익숙한 헬렌이, 아직 볼 수 있다고 생각하며 계속 걸려 넘어지는 애니보다 훨씬 안전하게 걸어 다녔다. 애니는 심한 우울증에 시달렸다. 자신의 책 《선생님: 앤 설리번 메이시》에서 헬렌 켈러는 나중에 이렇게 썼다. "감수성이 예민한 선생님은 자신이 앞을 보지 못한다는 사실을 부끄러워했다. 자기가 마치 멍청

하게 저지른 실수나 기형의 손발처럼, 이 장애가 선생님의 자존심을 상하게 한다."

　헬렌, 애니, 폴리는 1930년 여름에 배를 타고 프랑스로 여행하기로 예약했다. 그곳에서 이들은 영국, 아일랜드, 스코틀랜드로 갈 예정이다. 헬렌은 자신의 50세 생일파티도 하지 않으려고 한다. 그녀는 "의식적으로 미소 지으며, 으레 그러듯이 이에 대해 어리석은 연설을 하고, 쉰 살인 자신을 젊다고 느낄 기분이 아닌 것이다."
　프랑스로 떠나기 몇 시간 전에 애니는 집에 남겠다고 선언한다. 어쩌면 아일랜드와 대면하는 것이 두려워서일지도 모른다. 그곳에서 성장한 것은 아니지만 그래도 아일랜드는 자신의 어린 시절의 흔적이 어려 있는 나라이다.
　모든 짐이 꾸려져 있다. 애니는 배에 올라타는 것을 거부한다. 그녀는 혼자서는 집에 남을 수 없다. 하는 수 없이 폴리는 항해 예약을 취소하지 않을 수 없다. 계면쩍은 듯 애니는 머리를 긁적이며 다음 배편을 물어본다.
　그리하여 우여곡절 끝에 세 여자는 프랑스에 도착한 후 계속 영국의 콘월과 아일랜드로 간다. 그곳에서 헬렌 켈러는 어느덧 예순네 살이 된 자신의 선생님이 어린 시절을 어떻게 받아들이는지 함께 체험한다. 애니는 아버지가 시카고로 가는 도중에 빈민구호소에 들른 이후로 다시는 그를 본 적이 없었다. 그는 이미 오래전에 사망했다. 시카고에서도 일이 제대로 안 풀려 스스로 목숨을 끊은 것이다. 그런데 50년의 세월이 흐른 지금 그가 당시에 소녀에게 무엇을 불어넣었는지가 늙은 여자의 입에서 흘러나온다. 그것은 영국에 대한 노골적인 증오였다. "어떤 원초적인 힘이 선생님에게서 분출되는 것 같았다. 맹목적으로 싸우지만 누구를 상대로, 무슨 이유로 싸우는지 모르는 군대처럼 말이다. 사실 그녀는 명료한 사고를 통해 민족주의 사상을 서서히 깡그리 털어버렸다. 그녀는 자신이 비합리적임을 입증할 필요가 없다고 몇 번이고 말했다. 자신도 그런 사실을 알고 있다는 것이다. 그녀는 더 이상 그녀 자신이 아니었다. 우리가 아일랜드섬에 또 한 번 작별의 손을 흔들고, 좀 더 유쾌한 기분으로 영국으로 되돌아왔을 때 나는 기뻤다."

그 이후 세 여자는 해마다 유럽 여행을 떠났다. 유고슬라비아에서 이들은 왕의 손님이 되었고, 집시 악단과 노래하는 사람들의 영접을 받았다. 스코틀랜드에서 헬렌 켈러는 글래스고 대학으로부터 명예박사 학위를 받았다. 그리고 영국에서는 국왕과 왕비[57]가 헬렌 켈러를 위해 버킹엄궁에서 가든파티를 열어주었고, 독일에서는 이

---

57) 조지 5세와 메리 왕비를 말한다. 헬렌과 애니가 글자 쓰기와 입술 읽기를 간단히 보여주자 왕과 왕비는 소리의 진동만을 통해 알아듣는다는 것에 놀라움을 금치 못하며 감탄사를 연발한다.

들의 책들이 불태워졌다. [58]

《내가 살아온 이야기》의 독일어판 머리말에 헬렌 켈러는 헌사를 부치고, 그 글에서 이러한 희망을 피력했다. "내가 괴테와 실러의 나라에 빚진 커다란 정신적인 즐거움에 약간이나마 보답하기 위해 나의 책이 무언가 즐거움을 안겨주기를 희망합니다." 헬렌 켈러는 《내가 살아온 이야기》에서 나온 수익금을 제1차 세계대전에서 눈을 잃은 군인들에게 기부했다. [59] 그녀는 독일어와 독일 문화를 사랑했지만[60], 아돌프 히틀러의 나라에는 거리를 취했다. "세계를 이 히틀러라는 존재로부터 해방시킬 방법이 분명 있을 것이다."

1932년에 존 메이시가 세상을 떠났고, 애니는 즐거움을 잊은 채 힘들게 세상을 살아갔다. 흰 식탁보나 불타는 초를 바라볼 때는 그녀에게 남아 있는 눈이 따끔거리며 아파 왔다.

애니가 눈멀고 귀먹은 한 어린 소녀 이야기를 듣고 무조건 그녀를 받아들이기로 할 때 그녀 나이는 거의 일흔 살이 다 되었다. 또

---

58) 헬렌 켈러가 나치를 비판하자 나치 추종 학생들은 그녀의 책을 불태워버렸다.

59) 헬렌은 제1차 세계대전에서 눈이 멀게 된 프랑스 군인들을 찾아가 격려했고, 눈이 먼 독일 군인들을 돕기도 했다. 사람들이 적국의 군인들을 돕는다고 비난하자, 그녀는 이에 항의하면서 자신은 눈먼 사람들을 돕는 일에 중립이며 어느 편도 들지 않겠다고 했다.

60) 헬렌은 《내가 살아온 이야기》에서 "독일인은 삶뿐만 아니라 문학에서도 아름다움보다는 힘을, 관습보다는 진리를 더 높이 평가했다. 그들의 삶과 문학에서 꿈틀거리는 열정과, 망치로 내려치는 것 같은 힘이 느껴진다."고 말한다.

한 번 처음부터 새로 시작하려는 것이었다. 보살핌을 받지 못하고 방치된 채 발견된 그 아이는 아직 아주 어린 아기였다. 그녀는 그 아이를 입양하려고 한다. 너무 늙고 병들어 아이를 돌볼 수 없을 거라 해도 그녀는 막무가내였다. 그녀는 헬렌, 폴리와 언쟁을 벌인다. 그러고는 마침내 입양을 포기한다.

이처럼 죽음이 임박한 고령의 나이에, 다른 사람을 위해 살았다는 것에 대한 후회가 아니라 다시 그 일을 하겠다는 욕구가 그녀에게 생겨난다. "나는 얼마나 자주 이런 질문을 받았는지 모른다. '또 한 번 인생을 살 수 있다면 다시 같은 길을 가시겠습니까?' 그럼 내가 선생님이 될 건가? 내가 또 한 번 인생을 살아야 한다면 필경 당시와 같은 선택을 하지 않을 수 없을 것이다. 우리가 우리의 운명을 선택하는 것이 아니라, 운명이 우리를 선택한다고 나는 생각한다."

1936년 10월 20일, 애니는 세상을 떠난다.*

24.
헬렌 켈러의 만년의 삶

헬렌 켈러는 앤 설리번이 세상을 떠난 뒤에는 폴리 톰슨과 함께 생활했다. "선생님의 죽음으로 나의 삶은 완전히 궤도에서 이탈하게 되어 몇 달이 지나서야 비로소 나는 다시 본궤도로 돌아올 수 있었다. 그렇지만 오늘날까지 아직 완전히 정상으로 되돌아오지는 못했다. 선생님이 내게 남겨준 언어의 기적은 여전히 남아 있었지만, 선생님이 불 지핀 불가사의한 불꽃은 더 이상 존재하지 않았다. 이 세상에 둘도 없는 분과 매일 같이 생활하면서 얻는 자극이 결여되어 있었다. 선생님은 끊임없이 나를 괴롭히는 환영幻影이 내게 너무 가까이 접근하지 못하도록 나를 돌보아주었다. 선생님이 세상을 떠난 뒤 내게는 이에 맞설 만한 내부의 불빛이 충분하지 못했다. 폴리와 내가 일본의 '아스마 마루'로 여행을 감행한 후에야 내게 고유한 행위 능력이라는 불꽃이 나의 어두운 공허함을 밝혀주기 시작했다."

헬렌 켈러는 포레스트 힐스의 집을 팔고 폴리 톰슨과 함께 코네티컷 주의 웨스트포트Westport에 정착했다. 제2차 세계대전이 끝난 후 그녀는 다시 병원을 돌아다니며 전쟁으로 실명한 군인들이 계속 살아가도록 용기를 북돋운다. 폴리 톰슨을 대동한 채 그녀는 미국뿐 아니라 전 세계 시각장애인들의 상황을 개선하기 위해 거의 쉬지 않고 각지를 돌아다닌다.

헬렌과 폴리가 로마에 머무르고 있을 때 웨스트포트의 그녀 집이 불타버린다. 그녀는 브라유 점자책 도서관을 잃어버리고, 앤 설리번, 어머니, 여동생 및 친구들에게서 받은 편지들과 그녀가 몇 년 동안 작업해서 완성한 책 《선생님: 앤 설리번 메이시》의 원고를 잃어버린다.

그녀가 《선생님: 앤 설리번 메이시》 책을 두 번째로 다시 쓰기 시작할 때(평범한 타자기로!) 그녀 나이는 예순여섯이다. 애니가 세상을 떠난 지도 어언 10년이 흘렀다. 그래서 헬렌 켈러는 선생님에 대해 더 이상 아무런 고려를 할 필요가 없게 된다(첫 번째 원고는 부분적으로 아직 '선생님'이 살아 있을 때 생겨났다). 그녀의 가장 사적인 내용을 다룬 그 책은 선생님에 대한 사랑의 고백이다.

헬렌 켈러는 1920년대 초반부터 미국 맹인협회를 위해 자금을 모으고, 편지를 쓰며 지칠 줄 모르고 활동한다. 그 협회의 친구들이 웨스트포트에 그녀의 집을 다시 지어준다. 그녀가 거주할 집이 있을 때 맹인협회가 제자리를 찾아갈 수 있도록 도와준 것과 마찬가지로.

그녀는 전 세계를 분주히 돌아다니면서, 존경받고 축하받으며 환호를 받는다. 눈멀고 귀먹은 사람들의 사절로 일본, 오스트레일리아, 뉴질랜드, 그리스, 이탈리아, 프랑스, 하와이, 남아프리카 공화국, 이집트, 이스라엘, 레바논, 시리아, 요르단, 남미, 인도, 그리고 스칸디나비아반도 등지[61]를 바쁘게 돌아다닌다.

1960년에 폴리 톰슨이 세상을 떠난다. [62]

1962년에 뇌졸중을 일으킨 후 헬렌은 맹인을 위한 홍보 활동을 접고 일선에서 물러난다.

헬렌 켈러는 1968년 6월 1일 잠을 자던 중 조용히 숨을 거둔다.

"인도에 갔을 때 나는 어떤 나무 한 그루를 보았습니다. 내 인생을 닮은 반얀 트리[63] 말입니다. 날이 가물거나 기상 조건이 좋지 않

---

61) 헬렌 켈러는 1937년 일제강점기 시절 한반도를 방문한 적이 있는데, 서울(당시는 경성)에서 강연을 마치고 평양행 기차가 개성에 잠시 정차했을 때 그 시간을 놓치지 않고 강연을 했다고 한다. 대구에도 방문했고, 그 이후 한국 전쟁 때도 방한한 적이 있다.

62) 폴리 톰슨이 사망한 후로는 에블린 시드(Evelyn Sid)가 헬렌 켈러를 도와준다.

63) Banyan tree. 벵골 보리수 또는 인도 보리수라고도 한다. 높이는 30m 정도이다. 한 그루의 가

으면 그 나무는 살아남기 위해 다른 활로를 개척합니다. 그 나무는 가지마다 어린 가지가 솟아나게 하여, 그런 다음 땅속으로 뻗어가 뿌리를 내린 후 어미나무처럼 가지, 나뭇잎, 꽃잎을 내고 열매를 맺습니다."(1955년 하버드 대학교에서 행한 연설에서) *

지에서 여러 개의 받침뿌리가 나와 가로로 퍼져 숲처럼 된다. 잎은 달걀 모양으로 뻣뻣하다. 꽃과 열매는 무화과나무의 것과 비슷하고 크기는 작다. 인도 동부가 원산지이다. 가지 수가 많은 것은 무려 수백 개가 넘고 너비가 100~200평을 차지할 만큼 큰 나무다.

헬렌 켈러 화보

헬렌의 부모 케이트 켈러, 아서 켈러

터스컴비아에 있는 헬렌의 부모 집

앤 설리번, 1887

헬렌 켈러와 앤 설리번, 1887

로라 브리지먼

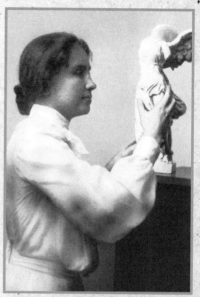

승리(Nike)의 여신상을 바라보는
헬렌 켈러

헬렌 켈러와 앤 설리번 메이시, 1893

말을 타는 헬렌 켈러와 앤 설리번 메이시, 1918년경

존 앨버트 메이시, 앤 설리번 메이시와 함께 있는 헬렌 켈러, 1905

앤 설리번, 배우 조지프 제퍼슨과
함께 있는 헬렌 켈러

앤 설리번과 함께 있는 헬렌 켈러, 1927

헬렌 켈러, 1927년경

헬렌 켈러 연보

1866년 4월 14일 : 앤 설리번이 매사추세츠 주의 피딩 힐스에서 태어남

(정확한 날짜는 확실치 않지만 14일로 추정됨).

1880년 6월 27일 : 앨라배마 주의 터스컴비아에서 태어남.

1882년 : 보지도 듣지도 못하는 중복 장애인이 됨.

1887년 3월 3일 : 앤 설리번이 켈러의 가정교사가 되기 위해 헬렌의 집에 도착함.

1887년 4월 5일 : 헬렌 켈러, 언어를 발견함.

1888년 5월 : 보스턴의 퍼킨스 맹아학교를 방문함.

1890년 3월 : 헬렌 켈러, 새라 풀러Sara Fuller에게서 말하는 수업을 받음.

1891년 : 동화《서리 임금님》을 씀. 여름에 아버지 아서 켈러가 사업에 실패하여 파산함.

1894년 가을 : 뉴욕시에 있는 청각 장애인을 위한 라이트 휴메이슨 어학교에 들어감.

1896년 9월 : 아버지 아서 켈러 세상을 떠남.

1896년 10월 1일 : 케임브리지 여학교에 들어감.

1899년 6월 : 래드클리프 대학교 입학시험에 합격함.

1900년 가을 : 래드클리프 대학교에 들어감.

1902년 3월 : 자서전《내가 살아온 이야기The Story of My Life》가 출간됨.

1903년 : 에세이《낙관주의Optimism》가 나옴.

1904년 : 래드클리프 대학교를 '우등cum laude'으로 졸업함.

1905년 5월 : 앤 설리번, 문학 평론가 존 메이시와 결혼함.

1908년 : 《내가 사는 세계The World I Live In》가 출간됨.

1909년 : 미국 사회당에 가입. 《어둠을 벗어나Out of the Dark》가 출간됨.

1910년 : 《돌담 벽의 노래The Song of the Stone Wall》가 출간됨.

1913년 2월 : 뉴저지 주의 몽클레르에서 생애 최초의 연설을 함.

1914년 : 폴리 톰슨Polly Thomson을 비서 겸 조수로 고용함.

　　　　　앤 설리번이 존 메이시와 결정적으로 헤어짐.

1916년 : 피터 페이건Peter Fagan을 만나 사랑에 빠지나 주변의 반대로 결혼에 이르지 못함.

1919년 : 영화 <해방Deliverance>에 출연.

1920년 : 앤 설리번과 함께 보드빌 공연에 나서기 시작함.

1921년 : 어머니 케이트 켈러, 알 수 없는 병으로 세상을 떠남.

1922년 : 알렉산더 그레이엄 벨, 세상을 떠남.

1924년 : 미국시각장애인재단AFB을 위해 일하면서 모금 운동에 앞장섬.

1927년 : 스베덴보리의 신학 사상에 힘입어 자신의 신앙에 대해 쓴 책

　　　　　《나의 종교My Religion》가 출간됨.

1930년 : 《나의 중년기의 삶Midstream, My later life》이 나옴.

　　　　　아일랜드, 영국, 스코틀랜드 여행.

1931년 : 앤 설리번, 필라델피아의 템플 대학으로부터 명예박사 학위를 받음.

1932년 : 두 번째 스코틀랜드 여행.

앤 설리번, 글래스고 대학에서 명예법학박사 학위를 받음.

런던에서 버나드 쇼와 만남.

앤 설리번의 남편 존 메이시John Macy가 심장마비로 사망함.

1933년 1월 : 헬렌 켈러가 53세에 쓴 수필 <사흘만 볼 수 있다면Three Days to See>이

미국의 <애틀랜틱 먼슬리Atlantic Monthly> 1933호 1월 호에 실림.

1934년 : 앤 설리번을 다룬 넬라 브래디Nella Braddy의 책이 나옴.

《앤 설리번 메이시 - 헬렌 켈러의 배후 이야기Anne Sullivan Macy - The Story

behind Helen Keller》

1936년 : 시어도어 루스벨트 대통령의 공로 훈장을 받음.

10월 20일, 앤 설리번, 70세의 나이로 사망함.

1937년 : 폴리 톰슨과 함께 일본, 조선, 만주 등지를 방문함.

1938년 : 《헬렌 켈러의 일지Helen Keller Journal》가 출간됨.

1940년 : 《신앙을 갖자Let Us Have Faith》가 출간됨.

1946~1957년 : 세계의 시각·청각 장애인들을 돕기 위한 해외여행을 다님.

1954년 : 헬렌 켈러를 다룬 낸시 해밀턴의 기록 영화 <헬렌 켈러, 그녀의 이야기>가 나옴.

1955년 : 《선생님 : 앤 설리번 메이시Teacher : Anne Sullivan Macy》가 나옴.

하버드 대학에서 여성 최초로 명예박사 학위를 받음.

1956년 : 다큐멘터리 영화 <정복되지 않은 사람The Unconquered>

(나중에 <헬렌 켈러 이야기Helen Keller in Her Story>로 바뀜)으로 아카데미 상을 받음.

1957년 : <기적을 일으킨 사람The Miracle Worker>이 TV 드라마로 처음 방영됨.

1959년 : <기적을 일으킨 사람>이 브로드웨이에서 연극으로 상연됨.

1960년 : 폴리 톰슨이 사망하고 위니프레드 코벌리가 그녀의 일을 떠맡음.

1962년 : <기적을 일으킨 사람>이 영화로 만들어져 앤 밴크로프트(앤 설리번 역)와

　　　　　패티 듀크(헬렌 켈러 역)가 1963년 아카데미 상을 받음.

1964년 : 미국 대통령 린든 존슨으로부터 최고의 훈장 '자유의 메달'을 받음.

1965년 : 뉴욕 세계박람회에서 '미국 여성 명예의 전당'에 뽑힘.

1968년 6월 1일 : 코네티컷 주의 아칸 리지에서 잠자는 도중 사망함.

2014년 : 미국 정부가 운영하는 국립교육재단 스미소니언의 잡지 <스미소니언 매거진>이

　　　　　뽑은 '미국사에서 가장 중요한 100인의 인물'로 선정됨.

헬렌 켈러의 저서

《내가 살아온 이야기》(The Story of My Life), 뉴욕 1902

《낙관주의》(Optimism), 매사추세츠 1903

《내가 사는 세계》(The World I Live In), 뉴욕 1908

《어둠을 벗어나》(Out of the Dark), 뉴욕 1909

《돌담 벽의 노래》(The Song of the Stone Wall), 뉴욕 1910

《나의 종교》(My Religion), 뉴욕 1927

《나의 중년기의 삶》(Midstream: My later life), 뉴욕 1930

《헬렌 켈러의 일지》(Helen Keller's Journal), 뉴욕 1938

《신앙을 갖자》(Let Us Have Faith), 뉴욕 1940

《선생님: 앤 설리번 메이시》(Teacher: Anne Sullivan Macy), 뉴욕 1955

• 앤 설리번 메이시에 대한 책

《앤 설리번 메이시 - 헬렌 켈러의 배후 이야기》, 넬라 브래디, 뉴욕 1934
(Anne Sullivan Macy - The Story behind Helen Keller)

헬렌 켈러의 명언

"내가 사흘만 세상을 볼 수 있다면 첫째 날은 존경하는 선생님, 앤 설리번 메이시 선생님을 오랫동안 바라보고 싶습니다. 둘째 날은 동트기 전에 일어나 밤이 낮으로 바뀌는 가슴 떨리는 기적을 바라보겠습니다. 셋째 날은 도시를 둘러보며 사람들의 삶을 조금이나마 이해해보려 합니다. 확신하건대, 모든 감각 가운데 볼 수 있다는 것 이상으로 우리에게 큰 기쁨을 주는 것은 없습니다."

"눈으로 보는 사람이 더 적게 본다. 세상에서 가장 아름다운 것은 보거나 만질 수 없다. 그것은 오직 영혼으로 느낄 수 있을 뿐이다."[64]

---

64) 생텍쥐페리도 《어린 왕자》에서 "무엇이건 그들을 아름답게 하는 건 보이지 않는 법이지. 가장 중요한 것은 눈에 보이지 않아. 마음으로 찾아야 해!"라고 말한다.
<고린도후서> 4장 18절. "보이는 것은 잠깐이요, 보이지 않는 것은 영원하다."
불교 선승, 명상 수행자도 "눈을 감으면 시간과 공간의 관념이 없어집니다. 내가 젊은지 늙은지도 없어져 버립니다. 이곳이 서울인지 시애틀인지 아무런 차이가 없습니다. 그런 상태에서 숨이 들어가고 나가는 것을 관찰하면 생겨나고 사라지는 마음을 알아차릴 수 있습니다."라고 말한다.

"나는 눈과 귀, 혀를 잃었지만 내 영혼은 잃지 않았기에 그 모든 것을 가진 것이나 다름없다."

"행복의 한쪽 문이 닫히면 다른 쪽 문이 열린다. 그러나 흔히 우리는 닫힌 문을 오랫동안 보기 때문에 우리를 위해 열려 있는 문을 보지 못한다."

"장애는 불편하다. 하지만 불행한 것은 아니다."

"세상은 고난으로 가득하지만, 고난의 극복으로도 가득하다."

"고통을 감수하면서 싸우지 않는 한 아무것도 얻을 수 없다."

"인간의 성격은 편안한 생활 속에서는 발전할 수 없다. 시련과 고생을 통해서 인간의 정신은 단련되고 또한 어떤 일을 똑똑히 판단할 수 있는 힘이 길러지며 더욱 큰 야망을 품고 그것을 성공시킬 수 있는 것이다."

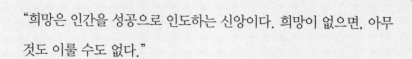

"희망은 인간을 성공으로 인도하는 신앙이다. 희망이 없으면, 아무 것도 이룰 수도 없다."

"시각장애인으로 태어나는 것보다 더 비극적인 일은 앞은 볼 수 있으나 비전이 없는 것이다."

"혼자서 할 수 있는 일은 작습니다. 함께 할 때 우리는 큰일을 할 수 있습니다."

"많은 사람들은 진정한 행복을 가져오는 것에 대해 잘못 생각하고 있습니다. 진정한 행복은 자기만족에서 얻어지는 것이 아니라 가치 있는 삶의 목적을 위해 충실하게 행동함으로써 얻어지는 것입니다."

Die Lebensgeschichte der Helen Keller

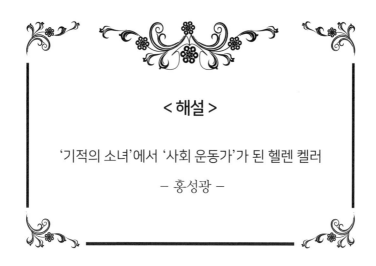

< 해설 >

'기적의 소녀'에서 '사회 운동가'가 된 헬렌 켈러
– 홍성광 –

헬렌 켈러[65]는 1880년 7월 27일, 앨라배마 주 터스컴비아의 '아이비 그린(초록 담쟁이덩굴 집)'이라고 불리는 한 농장의 저택에서 태어났다. 아버지 아서 켈러Arthur H. Keller는 남부 동맹군의 대위였고, 어머니 케이트 켈러Kate Adams Keller는 로버트 리 남부 동맹군 총사령관의 사촌이자 전직 남부 동맹군 장군이었던 찰스 애덤스의 딸이었다.

이처럼 헬렌은 미국 남부 명문가의 남부러울 것 없는 부유한 가정

---

65) 헬렌 켈러(Helen Adams Keller, 1880년 6월 27일~1968년 6월 1일): 듣지도 보지도 못했으나 장애를 극복하고, 교육자, 저술가, 인권 운동가, 사회 운동가 등 다방면으로 활동한 인물. 그녀의 교육과 훈련은 장애인 교육에 있어서 특출한 성취로 받아들여지고 있다. 보통 사람은 세상을 눈으로 보고, 귀로 듣고, 이를 입으로 표현하지만 그녀는 마음으로 보고, 마음으로 듣고, 이를 글로 쓰는 능력의 소유자이다.

에서 부모의 사랑을 듬뿍 받으며 자랐다. 헬렌은 장난을 좋아하는 건강하고 활기찬 아이였다. 그러나 생후 19개월 때 성홍열과 뇌막염에 걸려 의사로부터 위와 뇌에서 급성 출혈이 있다는 진단을 받았다. 이 병은 오래가지 않았지만 열병의 후유증으로 보고 듣지 못하는 농맹아聾盲啞가 되어, 결국 말까지 하지 못하는 3중고를 겪게 되었다. 그때는 가정 요리사의 여섯 살 난 딸이자 헬렌의 수화를 이해하는 마사 워싱턴과 대화가 가능했다.

시각·청각 장애인이 된 헬렌은 촉각과 후각으로 세상을 느끼고 몸짓으로 의사 표현을 하기 시작했다. 헬렌은 다섯 살이 돼서야 자신이 다른 사람들과 다르다는 사실을 알게 됐다. 가족들이 자기처럼 몸짓으로 의사 표현을 하는 것이 아니라 입으로 말을 한다는 것을 알게 된 것이다. 가족들의 말을 알아듣지도 못하고 말을 따라 할 수도 없었던 헬렌은 자기 마음에 안 들면 물건을 집어 던지고 발버둥을 치는 등 점차 난폭해지기 시작했다. 대여섯 살이 될 때까지도 그녀는 물건을 던지거나 사람을 할퀴거나 때리는 정도로밖에 의사 표현을 할 수 없었다. 6세가 되던 무렵에 그레이엄 벨을 만난 부모는 그에게서 '퍼킨스 맹아학교'를 추천받고, 그 학교에 의뢰하여 가정교사를 부탁한다. 이때 온 사람이 유명한 앤 설리번[66] 선생이다.

헬렌 켈러의 새 선생님도 어린 시절 무척 힘든 시기를 보냈다. 그

---

66) 앤 설리번(Anne Sullivan, 1866~1936)은 후에 존 메이시와 결혼하여 존 메이시 여사가 된다.

녀는 오랫동안 자신의 과거를 숨기다가 숨지기 얼마 전에야 자신의 힘들었던 이야기를 털어놓는다. 아버지는 알코올 중독자에다 어머니에게 폭력을 행사하는 사람이었다. 앤 설리번은 8세 때 어머니를 결핵으로 잃는다. 자녀를 돌볼 수 없었던 그녀의 아버지는 애니와 남동생 지미Jimmie를 1876년 빈민구호소에 보낸다. 그들은 범죄자, 매춘부, 정신병자들과 같은 숙소를 쓴다. 어린 지미가 그곳에 수용된 지 3개월도 안 되어 고관절 질환으로 사망하자 애니는 큰 슬픔에 잠기며 우울증 증세를 보이기도 한다. 이런 비극적인 상황 속에서 그녀는 공격적이고 자해를 하는 소녀가 되어 갔다. 하지만 한 노인 간호사가 그녀를 도와주었고, 그 간호사에게서 많은 교육을 받았다. 간호사는 애니에게 여섯 달 동안 "하나님이 너를 사랑하신다."라고 말해주었다. 결국 이 간호사의 사랑과 교육 덕분에 그녀는 공격적인 성향을 고치는 것은 물론 교육을 받을 수 있는 상태가 되었다.

앤 설리번은 다섯 살 때 전염성 결막염인 트라코마에 감염되는 바람에 갈수록 시각에 이상이 생겼다. 바이러스 감염에 의한 이 질병은 자칫 시각을 상실하게 할 수 있었다. 후일 인근 병원에서 목회를 하던 가톨릭교회의 바바라 신부가 그녀를 자신의 병원에 데려가 다시 수술하도록 해주었다. 그러나 수술 전 마취를 위해 그녀의 눈에 코카인을 주입한 게 화근이 되어, 그녀의 시력은 더욱 나빠졌다. 바바라 신부는 보스턴 시립 병원으로 그녀를 데려가 수술을 다시 하도록 하였으나 그녀의 시력은 사물을 흐릿하게 볼 수 있는 것 이상으로 회복되지 않았다.

14세가 되던 해 어느 날 빈민구호소의 환경이 끔찍하다는 소문을 들은 매사추세츠 주 복지위원회 위원들이 실태조사를 위해 그곳을 찾아왔다. 애니는 위원장 이름이 프랭크 샌본이라는 것을 알게 되었다. 그들이 떠나려 하자 그녀는 무작정 그들 사이에 뛰어들어 "샌본 씨!"를 외치며 자기를 학교에 보내달라고 호소한다. 그들은 몇 마디 질문을 던지고는 아무 대답도 하지 않고 떠나버린다. 한 가닥 희망마저 사라져버리자 절망에 빠진 애니는 침대에 쓰러져 눈물을 흘린다. 그러나 며칠 뒤 짐을 싸라는 전갈이 왔다. 드디어 그녀의 소원이 이루어져 퍼킨스 맹아학교에 가서 공부할 수 있는 행운을 누린다. 1880년 10월, 공교롭게도 헬렌이 태어나고 두 달이 지났을 때였다. 애니는 글을 읽을 줄도 쓸 줄도 몰랐고, 덧셈과 뺄셈도 할 줄 몰랐다. 아이들은 그런 애니를 놀렸고, 성격이 거친 애니는 그럴 때마다 불같이 화를 냈다. 애니는 처음 유치원에 들어가 여섯 살 어린이들과 함께 공부했다. 성격이 급하고 머리가 좋았던 애니는 열심히 공부해 곧 자기 또래의 아이들을 따라잡을 수 있었다. 그녀는 나중에 점자와 청각 장애인이 사용하는 손 기호 체계를 배운다. 퍼킨스 맹아학교 재학시절 그녀는 다시 한 번 수술을 받아 시력을 회복했지만, 혹사당한 눈의 통증으로 평생 시달린다. 1886년 무사히 학교를 끝마친 그녀는 졸업식 때 졸업생들을 대표하여 축사를 했다. 20세의 앤 설리번은 청각 장애 아동을 가르치기 위한 정식 교육을 받지 않았다. 그래서 반년 동안 로라 브리지먼을 가르친 하우 박사의 기록물을 읽은 뒤 켈러네 집에 도착한다.

1886년, 헬렌의 어머니 케이트 켈러는 찰스 디킨스의 《미국 기행American Notes》이라는 책을 읽고 큰 감명을 받는다. 시각·청각 장애인인 로라 브리지먼을 성공적으로 교육한 내용을 다룬 글이었다. 켈러의 부모는 볼티모어에 사는 유명한 안과 의사 줄리안 치솜Julian Chisolm 박사가 장님의 눈을 뜨게 했다는 소식을 듣고 헬렌을 치료할 수 있을까 해서 그에게 데려갔다. 그러나 시신경이 남김없이 모두 죽은 후라서 치료는 불가능하고, 대신 교육을 충분히 시킬 수 있다는 희망적인 말을 듣는다. 그리고 장애인 문제에 관심이 많던 알렉산더 그레이엄 벨 박사를 소개받는다. 벨 박사는 보스턴 남쪽에 있고 로라 브리지먼이 교육받은 학교인 '퍼킨스 맹아학교'에 연락해보라고 조언했다. 그 학교의 교장인 마이클 애너그노스는 20세의 학교 졸업생 앤 설리번에게 헬렌의 가정교사가 되겠냐고 물어보았다. 이 일은 장장 49년간 이어지는 인연의 시작이었다. 곧 그녀는 헬렌의 가정교사가 되고 나중에는 평생에 걸친 그녀의 동반자로 함께하게 된다.

그리하여 앤 설리번 선생이 1887년 3월 3일부터 헬렌을 가르치기 시작한다. 이날을 헬렌은 후일 '내 영혼의 생일'이라 부른다. 소련의 시청각 장애 심리학자인 A. 메스체리코프에 의하면, 요리사의 딸 마사 워싱턴과의 교제와 애니의 가르침은 헬렌이 나중에 발전하는 데에 결정적인 요소였다고 말한다. 애니는 헬렌에게 선물로 가져온 인형인 'd-o-l-l'의 철자를 손바닥에 써주는 것으로 교육을 시작했다. 앤 설리번은 응석받이로 자란 힘세고 고집 센 헬렌에게 극도의 인내심을 가지고 그런 식으로 언어를 가르치려 했다. 그러나 헬렌은 단어와 사물이 연결된다는 것은 알지 못했다. 헬렌의 집에 온 지 채 1개월도 안 되어서 설리번은 헬렌 켈러의 손바닥에 사물의 이름을 가르치기 시작했다. 그리하여 헬렌이 의사소통 방식에서 큰 발전을 보였는데, 그녀가 헬렌의 손에 펌프의 차가운 물을 틀어주고 '물w-a-t-e-r'이라는 단어를 손바닥에 쓰면서 연상시켜주는 방식이었다. 물 펌프에서 처음으로 'water'의 의미를 깨닫게 되는 에피소드는 영화에서도 중요하게 다루어질 정도로 매우 유명하다. 헬렌은 갑자기 물 잔을 떨어트린다. 나중에 애니가 설명한 것처럼 "새로운 빛이 그녀의 얼굴에 들어왔다." 집으로 돌아가는 내내 헬렌은 물건들을 만졌고, 애니는 그녀의 손에 그것들의 이름을 적어주었다. 하루가 끝나기 전에 헬렌은 30개의 새로운 단어를 배운다. 그것은 매우 긴 과정의 시작에 불과했지만 헬렌에게는 새로운 세상으로 통하는 문이 열린 것이다. 애니는 또한 그녀에게 점자를 쓰고 읽는 방법을 가르쳐, 그해 여름이 끝날 무렵 헬렌은 600개 이상의 단어를 배우게 되었다.

나중에 설리번은 자신의 목에 손가락을 대어 헬렌에게 진동을 '듣 도록' 함으로써 말하는 법을 익히게 했다. 이후 헬렌은 8세 때 퍼킨 스 맹아학교에 입학하여 정식 교육도 받게 된다. 열 살이 되던 1890 년에는 보스턴에 있는 호레이스 만Horace Mann 농아학교 교장 새라 풀러에게서 말하는 법을 배운다. 풀러 교장은 헬렌의 손을 자기 얼 굴에 대게 하고 소리를 낼 때 혀와 입술의 위치를 알 수 있게 해준 다. 목의 진동과 입의 모양을 만지고 느끼게 하는 방법으로 말하는 법을 배운 헬렌은 "날씨가 덥다."[67]라는 문장을 처음으로 소리 내 어 말한다. 기쁨은 컸으나 설리번 선생님과 풀러 선생 외에는 아무 도 헬렌의 말을 알아듣지 못한다. 11세 때는 시각장애인이자 말을 못 하는 아이 토미를 위해 모금 운동을 벌인다.

헬렌 켈러의 가장 오래된 집필 활동 중 하나는 그녀가 열한 살 때 쓴 《서리 임금님The Frost King》(1891)이다. 이 동화는 마가렛 캔비의 《서리 요정들The Frost Fairies》을 표절했다는 의혹을 받아 헬렌은 많 은 고초를 겪었다. 이 문제를 조사한 위원회는 헬렌 켈러에게 잠복 기억 같은 경험이 있었다고 밝혔다. 헬렌 켈러는 캔비의 이야기를 읽고 잊어버렸으나 무의식적인 기억 속에 남았다는 것이다. 캔비는

---

67) 말이 늦게 트인 아인슈타인도 다섯 살 무렵 처음으로 "날씨가 너무 덥다."라고 말했다고 한다.

헬렌의 기억력에 감탄하며 오히려 자신의 생각을 보태서 원작보다 훌륭하게 만들었다고 칭찬했다. 그레이엄 벨도 대부분의 창작물에는 다른 사람들의 작품에서 따온 표현들이 들어 있다며 헬렌과 애니를 두둔했다.

1893년 3월, 벨 박사는 깜짝 선물로 헬렌과 설리번 선생에게 나이아가라 폭포를 구경시켜준다. 여름에는 셋이 벨 박사가 처음 발명한 전화기를 비롯해 축음기와 같은 최신 발명품들이 전시되어 있는 시카고 만국 박람회를 견학한다. 헬렌은 3주 동안 박람회를 구경하면서 동화나 장난감의 세계에서 벗어나 과학 문명의 세계에 들어와 있다는 사실을 생생히 느낀다. 헬렌과 설리번은 터스컴비아로 돌아왔다가 가을에 펜실베이니아 주의 헐튼에 있는 친구 집에서 프랑스어 공부를 하고, 새 가정교사에게서 라틴어를 배운다. 헬렌은 이곳에 머무는 동안 당시 유명한 작가였던 마크 트웨인[68]을 만나게 된다. 그는 헬렌을 자신이 만난 여성들 가운데 가장 놀라운 여성으로 꼽았으며, 애니도 높이 평가하여 그녀를 '기적을 만들어낸 사람'이라고 불렀다.

1894년 가을에는 뉴욕에 있는 라이트 휴메이슨Wright-Humason 어

---

68) 본명은 새뮤얼 클레멘스였다. 마크 트웨인은 예로부터 '강(江)의 깊이를 재는 수로 안내인'을 가리키는 말이었는데, 필명을 쓰면서 본명은 잊혀버렸다. 마크 트웨인은 헬렌 켈러를 잔 다르크 이후 가장 훌륭한 여자로 생각했고, 살아 있는 동안 헬렌의 든든한 보호자의 한 사람이 되어 그녀를 지켜주었다.

학교에 들어간다. 청각 장애인에게 입술 읽기와 말하는 법을 가르치는 학교였다. 헬렌이 하는 말은 알아듣기가 어려웠지만 입술 읽기에는 큰 진전이 있었다. 말하는 사람의 입술과 목에, 때로는 혀에 손가락을 대어 소리가 내는 진동을 통해 입술 읽기를 배워서 마침내 사람들이 말하는 것을 이해할 수 있게 되었다. 그래서 손바닥에 써주는 것보다 훨씬 빨리 다른 사람의 말을 이해할 수 있게 된다. 헬렌과 설리번 선생은 뉴욕에서도 부유하고 영향력 있는 사람들을 알게 되었다. 어느 날 헬렌은 새로 이민 온 사람들이 살고 있는 뉴욕의 빈민가를 찾아갔다. 가난하고 불우하고 병든 사람들의 이야기를 듣고 헬렌은 깊은 고통을 느꼈다. 그녀는 가난하고 힘없는 사람들 편에 서서 그들을 도와야겠다고 마음먹는다.

헬렌은 대학에 들어가고 싶었으나 다른 사람들은 그것을 허황된 꿈이라고 여겼다. 그것도 명문 하버드 대학에 가고 싶었다. 하지만 그때는 남자들만 그 대학에 들어갈 수 있어서 하버드대의 자매대학인 래드클리프 여자대학으로 눈을 돌렸다. 그러나 이 대학에 들어가려면 아주 높은 수준의 능력과 지식을 갖추어야 했기 때문에 라이트 휴메이슨 어학교를 떠나 새롭게 진학 준비를 해야 했다.

1896년 7월 8일, 헬렌은 세인트 클레어에서 개최된 농아교육협회에서 처음으로 강연을 했다. 그런데 헬렌은 8월, 아버지 아서 켈러가 세상을 떠났다는 슬픈 소식을 들어야 했다. 헬렌은 죽음이 무엇인지 실감하고 깊은 슬픔에 잠겼다. 이때 벨 박사의 비서가 책 한 권을 건네준다. 스웨덴의 종교철학자 에마누엘 스베덴보리가 지은 책이었다. 헬렌은 이 책을 읽고 "죽음이란 어떤 방에서 다른 방으로 옮겨가는 것과 같다."고 믿게 된다. 헬렌은 훗날 자기가 죽으면 '다른 방'으로 옮겨가 그곳에서 남들처럼 보고 들을 수 있게 될 것이라고 믿는다.

헬렌은 래드클리프 대학에 들어가려는 여학생들을 위해 설립된 케임브리지 여학교에 들어간다. 이 학교의 아서 길먼 교장이 특별히 헬렌의 입학을 허락해주었고, 부유한 사람들이 기금을 만들어 헬렌의 학비를 마련해주었다. 헬렌은 이 학교에서 역사와 수학, 독일어, 라틴어, 문학을 배웠다. 설리번 선생이 수업 내용을 헬렌의 손바닥에 써주었다. 그리고 집에 돌아가면 기억을 되살려 맹인용 특수타자기로 수업 내용을 정리해놓곤 했다. 이듬해엔 여동생 밀드레드가 같은 학교에 진학했다. 헬렌은 열심히 공부했기 때문에 학업 성적도 우수했다. 길먼 교장은 특히 헬렌의 탁월한 영어 성적을 칭찬했다. 그러나 길먼 교장은 헬렌을 걱정한다는 핑계로 앤 설리번 선생을 떨쳐버리고 헬렌에 대한 주도권을 쟁취하고자 했다. 하지만 그 쿠데타는 벨 박사를 비롯한 헬렌 지인들의 도움으로 실패로 끝난다.

그래서 헬렌과 설리번 선생은 케임브리지 여학교로 돌아가지 않고 그해 겨울과 봄에 체임벌린 씨 집에 머문다. 헬렌은 여기서 개인 교사의 지도를 받으며 래드클리프 대학 입학 준비에 들어간다. 그리스어와 라틴어는 공부하기 좋았지만, 수학과 기하학은 여전히 어려워했다. 하지만 헬렌에게 어려운 과목은 포기의 대상이 아니라 도전해서 극복해야 할 대상이었다. 결국 헬렌은 1899년 합격 통지를 받는다. 코넬 대학과 시카고 대학에도 합격했지만 래드클리프 대학이 자신을 원하지 않았기에 그녀는 이 대학에 가고 싶었다. 시각 장애인이 미국에서 대학에 들어간 것은 헬렌이 처음이었다. 다음 해인 1900년 헬렌은 대학에 입학하며 말한다. "난 더 이상 벙어리가 아닙니다." 헬렌이 대학 진학을 앞두고 어려움에 처했을 때 그녀의 열렬한 지지자였던 마크 트웨인은 석유왕 헨리 H. 로저스의 부인에게 그녀를 도와달라는 편지를 쓰기도 했다.[69]

이처럼 생후 19개월 만에 열병을 앓아, 보지도 듣지도 말하지도 못하던 헬렌 켈러가 7세에 만난 설리번 선생의 헌신과 강한 의지로 장애를 극복하고, 20세에는 입학하기 어려운 대학에 입학한다. 여기까지가 우리가 헬렌 켈러의 자서전 《내가 살아온 이야기》에서 읽은 그녀의 이야기다. 그런데 그 이후 헬렌 켈러는 어떤 삶을 살았을까? 연애를 하고 결혼해서 행복하게 살았을까?

---

69) "이 기적 같은 소녀가 돈이 없어서 학업을 그만두어야 하는 것은 미국을 위해 좋은 일이 아닙니다. 헬렌 켈러가 공부를 계속한다면 역사에 길이 남을 인물이 될 것입니다."

이 책은 자서전의 내용을 넘어 헬렌 켈러가 88세의 나이로 숨을 거두기까지 '잘 알려져 있지 않은' 이야기도 다루고 있다. 헬렌 켈러는 '장애를 이겨낸 기적의 소녀'로만 남은 것이 아니라 불굴의 의지와 고집으로 학업을 마치고 사회운동에도 활발히 참여한다. 그러나 대학 생활은 이 눈먼 소녀에게 쉽지 않았고 다소 실망스러웠다. 그녀는 자신의 신체적 장애와 캠퍼스 밖에서 살았다는 사실 때문에 친구들과 우정을 쌓을 수 없었고, 더 나아가 고립된 생활을 했다. 대학에는 점자책도 없었고, 수업 내용은 설리번 선생이 전달해주어야 했다. 헬렌은 벅찬 공부량을 따라가기 위해 고군분투해야 했다. 강의 때마다 설리번 선생이 옆에 앉아 강의 내용을 아주 빠르게 써주어야 했다. 설리번 선생은 매일 4~5시간씩 책을 써주어야 했으므로 눈을 혹사해서 천천히 시력을 잃어갔다. 헬렌의 대학 생활은 기대한 만큼 즐겁지도 행복하지도 않았다. 하지만 철학책을 읽는 것은 즐거웠다. 특히 에마누엘 스베덴보리의 책을 가장 좋아했다. 헬렌은 철학을 통해 캄캄한 동굴에서 벗어나 밝은 빛을 볼 수 있었고, 천상의 교향곡을 들을 수 있었다.

헬렌은 수학을 싫어했지만 영어 수업은 즐겼고, 글을 잘 쓴다는 칭찬을 받았다. 그녀의 영어 교수인 찰스 코플랜드는 그녀의 보고서에서 남다른 무언가를 알아냈음이 분명하다. 그는 헬렌에게 남들도 쓰는 뻔한 글을 쓰지 말고 자신만의 특별한 세계에 관해 써보라고 권유한다. 그리하여 헬렌은 다른 모든 학생처럼 행동하기를 그만두고, '그녀 자신'의 시각에서 인생에 대해 쓰려고 했다. 그러자 코플랜드는 자신을 흥미롭게 하는 무언가를 헬렌이 성취해낼 수 있을 거라고 그녀에게 말한다. 그녀는 자신의 유년 시절에 대해 쓰기 시작한다. 코플랜드 교수는 헬렌이 쓴 글을 그녀 몰래 〈레이디스 홈 저널Ladies Home Journal〉지에 계속 넘겨주었다.

　헬렌 켈러는 그 잡지에 자신의 이야기를 계속 쓰기로 하고 3천 달러의 사례금을 받는다. 당시 직장인들의 평균 연봉이 700달러였으니 당시로서는 엄청난 액수였다. 헬렌의 한 친구가 글을 쓰는 데 어려움을 겪는 그녀에게 하버드대의 영어 강사이자, 잡지 〈젊은이의 벗〉과 하버드 대학 잡지 〈램푼〉의 편집자인 존 메이시John Macy를 소개해준다. 그는 문학비평가이자 작가였으며, 졸업생 대표 시인으로 뽑히기도 했다. 메이시는 빠르게 수화 알파벳을 배워 헬렌과 이야기를 나누며 그녀가 쓴 글을 잡지사에 넘겨주었다. 그리하여 나온 책이 헬렌 켈러의 자서전 《내가 살아온 이야기》(1902)이다. 힘겨운 대학 생활을 하면서 쓴 이 책은 그녀가 21세까지 자라온 이야기를 담고 있다. 이 책의 글쓰기와 편집을 도우면서 메이시는 몇 주 전에 읽은 긴 문장의 내용을 그대로 외우는 헬렌의 뛰어난 기억력에 놀라움을 금치 못한다. 이 자서전은 1996년 '20세기의 가장 중요한 책 100권'의 하나로 뽑히기도 했다. 이 책을 가장 감명 깊게 읽은 사람 중의 하나가 마크 트웨인이었다. 헬렌은 이 자서전을 자신을 그토록 아껴준 알렉산더 그레이엄 벨 박사에게 바친다.

래드클리프 대학을 졸업할 무렵 헬렌은 5개 국어(영어, 프랑스어, 독일어, 라틴어, 이탈리아어)를 습득한다. 1904년 6월 28일, 헬렌은 스물네 살 생일 다음 날 '우등 졸업cum laude' 학위증을 취득한다.[70] 그리하여 그녀는 학사 학위를 받은 최초의 시각·청각 장애인이 되었다.

그녀는 사회에 나가 무슨 일을 하게 될지 두근거리는 마음으로 기대하며 낙관적인 태도를 취한다. 그녀에게는 일을 하려는 의욕과 의지가 바로 낙관주의였다. 하지만 그것은 빛만을 응시하고 그림자를 외면하는 경박한 낙관주의가 아니라, 악을 이해하고 슬픔을 아는 낙관주의이다. 낙관주의는 세상을 추동하고 비관주의는 후퇴시킨다는 점에서 헬렌은 비관주의에 반대한다. 세상이 아무리 비참한 곳이라 해도 비관주의는 자신의 환경과 싸우려는 의욕을 앗아간다는 것이다.

그녀의 낙관주의는 악이 부재에 근거하지 않고 선이 결국에는 우세할 것이라는 즐거운 믿음에 근거한다. 헬렌은 하늘이 그녀에게 운명으로 정해준 어떤 일도 기꺼이 해낼 의지와 용기가 있다고 느낀다. 자신의 운명을 스스로 개척하고 그것을 사랑하는 것이 운명

---

70) 헬렌의 동급생들은 그녀의 위대한 업적을 기리며 다음과 같은 시를 지어 졸업 앨범에 실었다. "그녀의 노고 앞에서 우리의 노력은 빛을 잃었네. 그녀는 실패라는 낱말을 알지 못하지. 그녀의 승리 앞에 우리의 승리는 빛을 잃었네. 그녀의 승리는 훨씬 값비싼 대가를 치른 것이지."

애다. 그녀는 인간의 역사는 진보할 것이라 생각하고, "목적지에 이르렀다가 다시 뒤로 내던져지더라도, 굴복하지 않는 세계는 안간힘을 써가며 앞으로 나아간다."고 믿는다. 그녀는 당시 미국이 필리핀에서 저지른 부당한 일, 식민지 전쟁도 외면하지 않는다. 그러면서 다른 이들이 고통받을 때 가만히 있지 말고 행동에 나서야 한다고 주장한다. 낙관주의는 성취를 이끄는 믿음이기 때문이다.

헬렌은 영미 문학뿐만 아니라 독일과 프랑스 문학에서도 큰 힘과 용기를 얻는다. 그래서 문학은 그녀의 유토피아이고, 자신은 그 나라의 당당한 주민이라고 여긴다. 문학의 나라에서는 자신의 육체적 장애가 친구들과 친교를 맺는 데 아무 문제가 되지 않기 때문이다. 그녀는 독서를 통해 선의 존재를 믿는다. 또한 물질계에서 벗어나 순수한 사유의 세계를 향해 나아가려는 철학에서 큰 위안을 얻는다. 눈으로 보고 귀로 듣고 손으로 감촉하는 것들은 실재가 아니라 이데아, 영혼의 현현에 불과하다고 말하는 플라톤 철학이 특히 그녀의 주의를 끈다. 이데아의 세계에서는 그녀가 정상인과 다르지 않은 것이다. 또한 영국의 철학자이자 성직자인 조지 버클리에게서 사물의 이미지를 거꾸로 받아들이는 시각 역시 믿을 만한 감각이 아니라는 사실을 배우고 정상인들과 동등한 능력을 되찾은 듯이 느낀다.

헬렌 켈러는 이후 존 메이시의 도움으로 자신이 어떻게 세계를 느끼는지 알게 해주는 《내가 사는 세계 The World I Live In》(1908)를 집필한다. 이 책은 재미있어서 사람들의 관심을 많이 끌었다. 그녀는 시각과 청각을 잃었지만 대신 촉각, 후각, 미각은 대단히 발달했다. 그 책에서 헬렌은 자신이 만난 사람을 잘 기억하는 이유를 알려준다. 악수를 하면서 독특한 근육의 움직임을 통해 상대방을 기억한다는 것이다. 그녀는 사람의 손을 만지는 것만으로도 그의 성격과 인품을 알아보았다. 그리고 진동을 감지해 집 안에서 무슨 일이 일어나는지 알 수 있었다. 또한 소리의 진동을 통해 음악을 감상하고, 여러 가지 악기 소리를 구별해낼 수 있었다. 사람의 목과 뺨에 손을 대고 목소리의 높낮이와 맑고 탁함을 알 수 있었고, 그 사람의 기분을 알아챌 수 있었다. 헬렌의 후각은 특히 탁월해서 꽃들의 향기를 구별해냈고, 사람에게서 나는 냄새로 그가 어디에 있다가 왔는지 알 수 있었다. 그렇지만 이런 뛰어난 감각에도 불구하고 그녀는 상상력이 없다면 세상은 초라해질 것이라고 말한다. 그녀는 이러한 감각에다 자신의 상상력을 더해 마음의 눈으로 세상을 감지했다.

존 메이시는 헬렌의 글을 편집해주고 공부를 도와주었으며 책도 읽어주었다. 그 바람에 애니의 눈은 좀 쉴 수 있었다. 그러던 중 메이시와 애니가 사랑에 빠졌지만, 애니는 헬렌 때문에 선뜻 결혼을 승낙할 수 없었다. 메이시가 늘 헬렌 곁에 있겠다고 약속하면서 일이 쉽게 풀리게 되었다. 1905년 5월, 렌섬Wrentham의 큰 집에서 앤과 메이시 두 사람은 조촐한 결혼식을 올린다. 한편 헬렌도 사랑을 꿈꾸었지만 남자에게 짐이 되지나 않을까 해서 결혼에 대해 확신할 수 없었다. 더구나 헬렌의 어머니는 매우 금욕적인 여자로 어떤 남자와도 사랑에 빠져서는 안 된다는 생각을 딸의 마음속에 깊이 심어주었다. 설리번 선생도 헬렌의 결혼을 찬성할 수 없었다.

애니의 결혼 후 헬렌과 애니, 메이시는 한집에서 행복하게 살면서 종교와 정치, 그 밖의 여러 문제에 대한 이야기를 나눈다. 헬렌은 존 메이시와 대화를 나누면서 그의 영향으로 사회와 세계에 대한 생각을 많이 발전시킨다. 메이시는 사회주의자였다. 당시 미국에서는 사회주의가 인기를 끌고 있었고, 헬렌도 그 영향을 적지 않게 받았다. 당시 평등, 평화, 교육에 관심이 많았던 그녀는 사회주의가 이상을 실현시키는 운동이라 생각했다. 대학을 졸업한 뒤 헬렌은 사회문제에 관심을 갖기 시작하면서 평생을 시각 장애인들을 위해 바치기로 결심한다. 헬렌은 특히 열악한 환경에서 저임금에 허덕이는 가난한 노동자들에게 깊은 동정심을 품었다. 그녀는 역사가 그린Green의 말에 따라 세상은 영웅이 힘차게 떠미는 힘뿐 아니라 성실한 노동자들이 조금씩 미는 힘의 총합으로도 움직인다고 믿었다. 헬렌은 이런 힘없는 사람들이 겪는 고통을 함께 나누고 싶었고, 그래서 이들을 돕고자 열심히 글을 썼다. 이런 글들을 모아 펴낸 책이 《어둠에서 벗어나》(1913)이다. 하지만 이 책은 그다지 호응을 얻지 못했다. 사람들은 그녀가 모진 운명을 이겨낸 성녀 같은 장애인이기를 바랐지, 정치적 주장을 펴는 여성이 되는 것을 좋아하지 않았기 때문이다. 헬렌은 적지 않은 비판을 받았지만, 자신의 뜻을 끝내 굽히지 않았다.

1900년대 초는 미국에서 사회주의가 어느 때보다 힘을 발휘하고, 노동운동에서도 새로운 기운이 넘쳐나던 때였다. 헬렌 켈러는 앤 설리번의 추천으로 허버트 웰스H. G. Wells[71]의 《낡은 것을 위한 신세계New Worlds for Old》를 읽으면서 사회주의자가 됐다고 고백했다. 헬렌은 이후 독일에서 발행되는 점자로 된 사회주의 격월간지, 마르크스와 엥겔스의 저작을 읽으며 사회주의 사상에 심취했다. 그리하여 29세 때인 1909년 미국 사회당Socialist Party of America, 1901년 창당에 가입했으며, 공개서한 '나는 어떻게 사회주의자가 되었나'를 발표하고, 방송 출연을 통해 자본주의를 비판했다. 그 외 활발한 저

---

71) 허버트 웰스(Herbert George Wells, 1866~1946): 웰스는 공상과학소설과 대중을 위한 역사서 《세계문화사 대계》(1920, 개정판 1931)로 이름을 떨쳤다. 조그만 시골학교의 교생으로 자신의 지적 능력을 발휘하여 런던의 과학사범학교에 장학생으로 들어갔다. 3년간의 학창시절은 그의 작가적 상상력에 낭만적인 과학개념을 새겨놓았으며, 훗날 소설을 쓰는 데 영감의 원천이 되었다. '현대 사회주의의 평범한 설명'이라는 부제가 붙은 《낡은 것을 위한 신세계New Worlds for Old》(1908)는 웰스가 페이비언 협회를 개혁하려고 노력하던 1901~1908년에 사회주의 미래에 대해 썼던 여러 책과 팸플릿 중 하나였다. 웰스는 경제를 과장하는 마르크스의 '혁명적 사회주의'를 거부하고, 본질상 건설적이고 진취적이어야 하는 집단적 마음의 작동을 통해 실현될 수 있는 '건설적 사회주의'를 옹호한다. 그러한 마음의 창조를 통해서만 사회주의를 가져올 수 있기 때문이다. 웰스에게 사회주의는 정치적 운동이라기보다 종교의 본질에 더 가까웠다. 제1차 세계대전 후 세계질서의 불안정함을 일깨우는 활동을 시작했고, 1930년대 내내 문명이 파괴될 수 있을 법한 사건이 일어날 때마다 그 격동의 현장에 있었다.

술 활동을 하면서 여성 참정권 운동[72], 인종 차별 반대[73], 노동자 인권 운동 등 사회운동에도 적극적으로 나섰다.

1912년 대통령 선거에서 사회당의 유진 V. 뎁스[74] 후보는 1백만 표 가까이 득표했고, 당시 사회주의 지지는 합법이었기 때문에 천 명이 넘는 사회주의자들이 공무원으로 일하고 있었다.

사실 헬렌 켈러는 제1차 세계대전 전후로 미국 사회주의 운동과 반전 운동에서 반드시 언급되는 인물이다. 1912년의 대선에서 유진 뎁스 후보가 패배하자 그녀는 이후 사회당의 소위 개량주

---

72) 1791년 프랑스의 페미니스트 극작가 올랭프 드 구주(Olympe de Gouges)가 <여성인권선언>을 발표했지만, 그녀는 단두대의 이슬로 사라졌다. 1910년대는 미국, 영국 등 민주주의의 선진국에서조차 여성에게 참정권을 부여하지 않았을 때였다. 뉴질랜드가 1893년 최초로 인정했고, 미국은 1920년, 영국은 1919년에 30세 이상의 여성에게(1928년에 21세 이상의 여성 모두에게 인정), 프랑스는 1944년, 우리나라는 1945년에 인정했다. 스위스에서는 1971년에 이르러서야 국민투표를 통해 여성 참정권이 승인되었다.

73) 1964년 미국에서 린든 존슨 대통령이 흑인에게 실질적 참정권을 부여한 민권법에 서명했다.

74) 유진 뎁스(Eugene Victor "Gene" Debs, 1855~1926): 미국의 노동조합 운동가로, 세계산업노동자연맹의 발기인 중 한 명이었고 다섯 차례에 걸쳐 미국 사회당의 대통령 후보로 출마했다. 대통령 선거 출마 및 노동운동의 업적으로 뎁스는 오늘날까지도 가장 저명한 미국 사회주의자 중 하나로 꼽히고 있다. 그는 미국 최초의 산별노조 중 하나인 전미철도노조(ARU)의 설립에 큰 역할을 했다. 1894년 여름 풀먼팰리스카 회사 노동자들이 임금 삭감에 반발하여 살쾡이 파업을 일으키자 ARU는 풀먼카 회사에서 만드는 철도차량을 사용하지 말라는 파업을 일으켰다. ARU 총수인 뎁스는 파업에 대한 법원의 금지명령을 무시한 죄로 6개월간 징역을 살았다. 옥중에서 뎁스는 다양한 사회주의 이론서를 섭렵하고, 출소한 뒤 1901년 미국 사회당의 창당 당원이 되었다. 뎁스는 뛰어난 웅변가였으며, 1918년 제1차 세계대전 참전을 반대하는 연설을 했다가 체포되었다. 그는 소요죄 법 위반 혐의로 유죄를 선고받고 10년형을 살았다. 대통령 워런 하딩은 1921년 12월 뎁스의 형을 감해 주었다. 출옥한 뎁스는 요양원 신세를 지게 되었고 그로부터 얼마 지나지 않은 1926년 사망했다.

의 노선을 비판하면서 전투적 노동자 단체인 세계산업노동자동맹 Industrial Workers of the World, IWW에 가입한다. 《뉴욕 트리뷴》과의 인터뷰에서 그녀는 "사회당은 정치적 늪에 빠져들고 있다. 사회당이 정치체제 안에서 한자리를 차지하거나 한자리를 얻으려 애쓰는 한, 변혁적 성격을 유지한다는 것은 전적으로는 아니더라도 거의 불가능하다."라고 말한다.

하지만 헬렌 켈러의 사회참여에는 한계가 있었는데, 바로 자신이 당원으로 활동한 미국 사회당의 분열을 막지 못한 것이다. 당시 미국 사회당은 1913년 1월, 11만 당원 중 2만 명이 빌 헤이우드 집행위원에 대한 제명 조치에 반발해서 탈당할 정도로 엄청난 내분을 겪고 있었다. 이에 대해 헬렌 켈러는 일치하여 민중의 편을 들어야 할 사회당이 두 파벌로 갈라져 서로 비열한 싸움을 벌인다고 비판했지만, 결국 내분을 막지 못했다.

1905년 설립된 세계산업노동자동맹은 숙련공 중심의 미국노동총연맹AFL과는 달리 미숙련 노동자들을 조직하고 교육시켰다. 그녀는 1916년과 1918년 사이에 IWW를 위한 글을 썼다. '내가 왜 세계산업노동자동맹에 가입했나'라는 글에서 헬렌 켈러는 시각장애인들에 대한 그녀의 걱정에서 나오는 실천적인 행동의 동기를 설명했다.

"저는 시각장애인들의 실태를 조사하라는 임무를 받았습니다. 첫 번째로 시각 장애를 인간의 제어를 벗어난 불행이라고 생각하는 저

는 대개 고용주들의 탐욕과 이기적인 행동으로 잘못된 노동 환경
이 존재하기 쉽다는 사실을 발견했습니다. 그리고 사회악은 그것
에 일정 부분 기여했습니다. 저는 가난이 여성들을 계속 장님인 상
태로 두는 수치스러운 삶으로 몰아가고 있음을 알게 되었습니다."

마지막 문장은 여성들의 매춘과 시각 장애의 원인이 되는 매독
을 언급한 것이다. 이후에도 헬렌은 죽기 전까지 이런 장애인과 여
성, 노동자를 위한 운동에 앞장섰다. 이처럼 헬렌 켈러라고 하면 흔
히 앤 설리번 선생의 인내와 사랑으로 장애를 극복한 장애인 여성
으로만 생각하지만, 역사 속의 헬렌은 사회운동을 몸소 실천한 여
성 운동가였다.

하지만 미국의 주요 신문 편집자들은 헬렌이 청각 장애인이기
때문에 정치와 세계에 대한 진정한 지식을 가질 수 없다고 거듭 말
한다. 그들은 노동, 직업 또는 평화에 대한 그녀의 의견을 듣고 싶
어하지 않는다. 헬렌보다 그 주제를 더 잘 아는 사람들이 다루고
있다는 것이다. 그러니 어둠 속에서 사는 것이 어떤 것인지 알려
주기만을 바란다. 그러자 그녀는 이렇게 반박한다. "내가 보고 들
을 수 없다고 해서 나한테 뇌가 없다고 생각합니까? 나는 생각하
도록 훈련받았으며 독일어, 영어, 이탈리아어, 프랑스어로 된 논
문을 매일 읽습니다. 독일어 점자로 마르크스와 엥겔스를 모두 읽
었습니다."

그녀의 이러한 활발한 사회참여에 호의적이지 않은 당시 언론들은 "헬렌 켈러가 누군가에게 조종당한다."라고 하거나, "사회주의자들과 '볼셰비키'가 헬렌의 명성을 이용하려고 하며, 헬렌은 보지도 듣지도 못해 정치에 대해선 아무것도 모른다."라는 기사를 썼다.

이에 대해 헬렌은 "그 같은 위선적인 동정은 거절"한다며 "자신을 이용한 것은 자본주의 언론"이라고 반박하고, 돈에 순종하는 편집자들은 사회주의 비방을 위해 무슨 짓이든 할 것이라고 말했다. 그녀는 자본주의 신문의 이 같은 보도에 대해 "신문 뒤의 금권은 사회주의를 반대하며 자신을 먹여 살릴 돈에 순종하는 편집자들은 사회주의를 비방하고 사회주의자들의 영향력을 훼손하기 위해 무슨 짓이든 할 것"이라고 지적했다. 또한 그녀는 "저는 노동자를 착취하는 공장, 빈민가에도 방문했습니다. 앞은 보지 못할지라도 냄새는 맡을 수 있었지요."라며 자신의 의지에 따라 사회참여를 하고 있음을 밝힌다.

한 미국 쇼 프로그램의 사회자가 "자본주의에 대해 어떻게 생각하십니까?"라고 묻자, 그녀는 "쓸모에 비해 목숨이 길다."라고 대답하기도 했다. "미국이 당신의 이상에 맞다고 생각하는가?"라는 질문에는 "대답하기 어렵군요. KKK단이 물고문이라도 할까 봐서요."라고 응수했다.

그러자 미국 언론은 장애를 극복한 기적의 소녀로 칭송하던 그녀를 이번엔 장애로 인해 세상 물정을 모른다며 비난하기 시작한다. 그녀가 사회주의적인 견해를 표현하기 전에 그녀의 업적과 총명함을 칭찬하던 신문 칼럼니스트들은 그 뒤로 그녀의 신체적인 장애로 시선을 옮겼다. 《브루클린 이글Brooklyn Eagle》이라는 한 지역 신문의 편집장은 "그녀의 잘못은 성장 과정상의 분명한 한계에서 비롯한 것들이다."라고 말한다. 헬렌 켈러는 그가 자신의 정치적인 견해를 알기 전에 그를 만났던 일을 언급하며 대답했다. "이때 그가 한 찬사들은 저에겐 너무나도 과한 칭찬이었습니다. 그때를 떠올리면 제 얼굴이 붉어질 정도입니다. 그러나 제가 사회주의에 대한 지지를 표명한 지금 그(편집장)는 저와 대중들에게 제가 앞을 못 보고 듣지 못하며 또한 오류를 쉽게 범한다는 걸 상기시켜주고 있습니다. 저는 그를 만난 후부터 몇 년 동안 제 능력을 보여주는 것을 꺼릴 수밖에 없었습니다⋯⋯. 오, 터무니없는 《브루클린 이글》!"

헬렌 켈러는 세계적으로 유명한 작가이자 연설가로 점점 더 유명해졌다. 하지만 그녀는 운동가로서보다는 불리한 신체조건 등 많은 장애 속에 살아가고 소외된 사람들의 편에 서서 그들을 지지하고 옹호한 사람으로 많이 기억된다.

1915년, 헬렌 켈러와 조지 케슬러는 '헬렌 켈러 인터내셔널'이라는 단체를 설립했는데, 이 단체는 비전과 건강, 영양 연구에 열심이었다. 1917년, 러시아 혁명이 일어나자 헬렌은 소비에트의 열성적인 지지자가 된다. 그러나 훗날 소련의 현실 사회주의가 스탈린에 의해 변질되고, IWW도 내분과 여러 문제가 생기면서 헬렌 켈러는 점차 여성과 인권, 교육 쪽으로 온건한 사회주의 활동을 이어가지만 큰 골자는 변하지 않는다.

그런데 이 무렵 헬렌과 앤 설리번 선생은 수입이 없어 경제적 문제로 어려움을 겪는다. 그래서 애니의 남편 메이시는 직장을 얻기 위해 뉴욕으로 떠났다. 그래서 헬렌도 돈을 벌기 위해 강연 투어에 나서기로 한다. 헬렌은 몇 년간 말하기 수업을 듣고 약간의 발전을 이루었지만 그녀와 가장 가까운 사람들만 그녀의 연설을 이해할 수 있었다. 애니는 청중을 위해 헬렌의 연설을 해석해서 들려줘야 했다. 또 다른 관심사는 헬렌의 모습이었다. 그녀는 매우 매력적이고 항상 잘 차려입었지만 그녀의 눈은 분명히 비정상적이었다. 헬렌은 1913년 2월, 첫 강연 투어가 시작되기 전에 외과적으로 눈을 제거하고 인공 눈으로 대체했던 것이다.

강연 투어에서 헬렌은 자신의 경험을 이야기를 했고, 애니는 그녀가 말한 것을 해석했다. 그리고 나서 그들은 청중으로부터 질문을 받았다. 몇 달 동안 지속된 투어는 성공적이었지만 설리번 선생이 아파서 집으로 돌아와야 했다.

설리번 선생이 건강을 회복하자 1914년 둘은 다시 강연 여행에 나섰는데 이때는 헬렌의 어머니도 함께 따라갔다. 그러나 이즈음 애니와 메이시의 결혼 생활은 점점 나빠져서 1914년 끝내 파국으로 치달았다. 1915년의 강연 여행 때는 헬렌을 돕기 위해 비서로 맞아들인 폴리 톰슨도 동행했다. 발명왕 토머스 에디슨과 자동차왕 헨리 포드도 이때 강연을 듣고 감동을 받았다.

1916년, 헬렌과 애니는 폴리 톰슨이 고향 스코틀랜드로 휴가를 떠나자 그동안 헬렌을 돕기 위해 피터 페이건Peter Fagan을 비서로 고용하여 투어에 동행했다. 투어 후 애니는 중병에 걸렸고 결핵 진단을 받았다. 헬렌은 절망 상태에 빠졌고, 뼈저린 외로움을 느꼈다. 이때 피터 페이건이 다가왔다. 잠시 동안 헬렌과 피터는 렌섬의 집에 둘만이 함께 있었는데, 그곳에서 피터는 헬렌에 대한 사랑을 고백하고 자기와 결혼을 해달라고 요청한다. 헬렌은 기뻤고, 그리고 둘은 사랑에 빠졌다. 두 사람은 함께 산책하며 책을 읽었다.

헬렌이 설리번 선생과 어머니에게 이 사실을 알리기 전에 페이건이 청혼했다는 사실이 한 신문에 보도되었다. 두 사람은 그들의 계획을 비밀로 유지하려고 노력했지만 결혼 허가를 받기 위해 보스턴으로 여행했을 때 허가증 사본을 얻은 신문이 둘의 약혼 사실을 발표해버린 것이다.

어머니 케이트 켈러는 화가 나서 헬렌을 앨라배마로 데려왔다. 헬렌의 결혼 자체에 반대했을 뿐만 아니라, 페이건이 헬렌에게 좋은 남자라고 보지 않았기 때문이다. 헬렌의 어머니는 페이건을 쫓아내고 헬렌을 앨라배마에 있는 여동생 밀드레드의 집으로 데려갔다. 헬렌은 당시 36세였지만, 그녀의 가족은 그녀를 보호한다는 명목으로 결혼에 결사 반대했다. 피터는 여러 번 헬렌과 재결합을 시도했지만 그녀의 가족은 그를 가까이 두지 않았다. 밀드레드의 남편은 헬렌에게서 손을 떼라고 피터를 총으로 위협하기도 했다.

하지만 피터 페이건은 헬렌을 몰래 데리고 나와 멀리 떠날 생각으로 헬렌에게 브라유 점자로 편지를 보냈다. 헬렌은 가방을 들고 현관에서 밤새 페이건을 기다렸지만 그는 끝내 나타나지 않았다. 그 후 헬렌과 피터 페이건은 다시는 함께하지 않았다. 헬렌은 크게 상심했지만 나중에 그 관계를 "어두운 물에 둘러싸인 작은 기쁨의 섬"으로 묘사하면서, 자신이 이때 "오색영롱한 꿈에 휩싸인 채 천국에서처럼" 살았다고 회고한다. 그러면서 이 모든 것이 자신을 위해 잘된 일이라며 애써 스스로를 위로했다.

1917년 미국은 제1차 세계대전에 참가했다. 하지만 헬렌은 평화주의자였기 때문에 전쟁 자체에 반대했고, 이 전쟁에 참전하는 것도 반대했다. 미국의 윌슨 대통령이 "전 세계의 민주주의를 지키기 위해 독일에 선전포고한다."고 선언하자, 헬렌은 "수많은 흑인을 학살하는 상황에서 우리의 지배자는 세계 평화와 민주주의를 지키기 위해 싸우고 있다고 말할 수 있는가?"라고 목소리를 높였다. 그녀는 윌슨 대통령의 도덕주의Moralism가 표리부동하다며 신랄하게 비판했다. 이처럼 평화를 사랑한 헬렌은 민족자결주의[75]를 주창한 월슨 대통령의 반대자였다.

전쟁이 나자 생활비가 올라 살기 힘들어진 헬렌과 애니는 힘들게 마련한 렌섬의 큰 집을 팔고 1917년 뉴욕의 포레스트 힐스로 이사한다. 그러면서 헬렌은 전쟁 반대 강연을 하고, 여성 참정권 운동에도 참여하면서, "고통을 감수하며 싸우지 않는 한 아무것도 얻을 수 없습니다."라는 말을 남긴다.

애니는 다시 진찰을 받은 결과 다행히도 결핵에 걸리지 않았다는 사실이 밝혀졌다.

1918년 초, 할리우드의 영화사에서 헬렌이 영화에 출연하면 큰 돈을 주겠다는 제안이 들어왔다. 헬렌은 전쟁으로 힘들게 살아가는 많은 사람들, 자신처럼 장애를 가진 불쌍한 사람들에게 자신이 살아온 이야기를 전해 희망을 주고 싶었다. 한 해가 넘도록 강연을 하

---

75) 민족자결주의란 민족의 문제는 그 민족 스스로 결정해야 한다는 주장이다. 미국 대통령 월슨은 제1차 세계대전이 끝날 무렵인 1918년 미국 의회에서 14개조 원칙을 발표하였다. 각 민족은 정치적 운명을 스스로 결정할 권리가 있으며, 다른 민족의 간섭을 받을 수 없다는 것이 그 중심 내용이었다. 월슨의 민족자결주의는 강대국의 식민지로 있던 여러 약소민족에게는 매우 반가운 일이었다. 이는 강대국의 부당한 지배로부터 벗어나 자신들의 국가를 세우는 데 필요한 이론적 근거가 될 수 있을 것이라고 여겨져 큰 희망을 주었다. 우리나라도 민족자결주의의 영향을 받아 3·1 운동이 일어났다. 하지만 월슨이 말하는 민족자결주의는 실제로는 전쟁의 패자인 독일·오스트리아·오스만 투르크의 식민지에 한정되었다. 식민지의 대부분이 영국과 프랑스 등 승전국의 지배를 받고 있었음을 볼 때, 민족자결주의는 '빛 좋은 개살구'에 불과했다. 민족자결주의란 승전국이 패전국의 힘을 약화시키기 위한 것이지 식민지 민중을 위한 것이 아니었다. 조선을 지배하고 있던 일본도 승전국이었으므로 우리 역시 식민지를 벗어나는 데 한계가 있었다.

지 못해 생활비를 마련해야 하는 경제적인 이유도 있었다. 게다가 설리번 선생의 건강이 회복된다 해도 두 사람이 찾아갈 곳이 점점 줄어들고 있었다. 헬렌은 자기가 먼저 죽을 경우 후원금이 끊기면 설리번 선생이 어떻게 살아갈지도 걱정해야 했다.

영화의 제목은 〈해방Deliverance〉이었다. '해방'이란 앞을 못 보는 캄캄한 어둠, 소리를 듣지 못하는 정적, 말을 못 하는 답답함과 같은 '장애의 감옥'에서 풀려난다는 의미였다. 헬렌은 진솔하고 정직한 영화가 되기를 바랐지만, 영화사는 재미있고 웃음을 터트리는 드라마가 되기를 바랐다. 영화 〈해방〉은 결과가 신통치 않았으나 헬렌 켈러의 당시 모습을 보여주는 귀중한 역사적 기록이 되었다. 이 영화를 만들면서 희극배우 찰리 채플린을 만나 서로를 이해하고 우정을 쌓은 것이 큰 수확이었다. 두 사람 모두 가난을 겪었지만, 둘 다 운명과 싸워 이긴 공통점이 있었다. 그녀는 한 편지에서 이렇게 쓴다. "친애하는 채플린에게, 2주 전이었죠. 다시 한 번 당신의 손을 잡았던 것이, 또 당신이 여전히 나를 가까운 사이로 기억해주고 있다는 사실이 얼마나 행복했는지 몰라요. (중략) 내가 그곳에서 특별한 모험을 하는 동안 느낀 우리의 우정은 진짜였어요."

지속적인 수입이 절실히 필요했던 헬렌과 애니는 1920년 2월부터 보드빌 무대에서 하루에 두 번씩 공연했다. 그때 나이가 헬렌은 40세, 애니는 54세였다. 보드빌은 노래도 부르고, 춤도 추고, 곡예도 하고, 코미디언이 나와 사람을 웃기기도 하고, 때로는 연극도 하는 연예 무대였다. 당시는 영화보다 인기가 더 많았지만, 고급문화를 선호하는 사람들은 별로 좋아하지 않았다.

그들은 이번에는 다양한 댄서와 코미디언과 함께 화려한 의상과 무대 분장을 하고 무대에 올랐다. 헬렌은 관객들의 숨결이 느껴지는 무대를 즐겼지만, 수줍음을 타는 애니는 저속하다고 생각했다. 공연은 애니의 몸과 정신, 그리고 눈에도 고통을 주었다. 어떤 사람들은 헬렌이 보드빌 무대에 서는 것을 못마땅하게 생각했지만, 정작 헬렌은 '고상한 공연'이라며 무대에 서는 것을 자랑스럽게 생각했다. 게다가 글을 쓰거나 강연하는 것보다 수입이 좋아서 경제 문제를 해결하는 데 큰 도움이 되었다. 그래서 헬렌은 앞날을 위해 꽤 많은 기금을 마련할 수 있었다.

그들은 1924년까지 보드빌 공연을 했으며, 헬렌은 무대에서 대화[76]를 나누며 관객들을 즐겁게 하기도 했다. 심지어 1921년 어머니 케이트 켈러가 알 수 없는 병으로 세상을 떠났다는 소식을 듣고도 무대에 올랐다. 슬펐지만 자신이 맡은 일을 해야 했기 때문이다. 어머니를 잃고도 견딜 수 있었던 것은 스베덴보리가 가르친 신앙의

---

76) <질문> 잠을 잘 때는 눈을 감고 자나요?
　　<대답> 아마 그럴 거예요. 그걸 확인하려고 밤을 새운 적은 없지만요.
　　<질문> 하딩 대통령을 어떻게 생각하세요?
　　<대답> 그가 동지처럼 느껴집니다. 나처럼 앞을 못 보는 것 같으니까요.
　　<질문> 가장 불행한 사람은 누구라고 생각하세요?
　　<대답> 아무 할 일이 없는 사람들이지요.

힘 때문이었다. 헬렌은 몸은 죽어도 영혼은 불멸이라고 생각해, 어머니와 자신이 영원히 아름다운 땅에서 다시 만나리라고 굳게 믿었다. 오랜 공연을 마치고 포레스트 힐스의 집으로 돌아왔을 때 슬픈 소식이 기다리고 있었다. 자신을 오랫동안 보살피며 아껴주었던 알렉산더 그레이엄 벨 박사가 세상을 떠났다는 것을 그때 안 것이다.

1923년 크리스마스이브 때 모인 친구들 중에 '미국시각장애인재단AFB'의 조사 담당 이사인 로버트 어윈이 있었다. 그는 헬렌에게 재단을 위해 모금하는 일을 도와달라고 부탁했다. 모금 운동은 성공적이었다. 1926년엔 쿨리지 대통령도 헬렌에게 감명을 받고 격려해주었다. 헬렌의 이런 노력으로 많은 사람이 장애인들에게 관심을 갖게 되고, 그들이 얼마나 어렵게 살아가는지 이해하게 되었다. 그리고 어려운 사람들을 돕는 것이 얼마나 큰 기쁨과 보람을 가져다주는지 알게 되었다.

1927년은 《나의 종교》가 출간되어 헬렌에게 뜻깊은 해가 되었다. 그것은 신비주의 신학자 에마누엘 스베덴보리의 신학 사상을 중심으로 쓴 영적인 자서전이었다. 켈러는 최후의 심판과 예수의 부활에 종교적인 해석을 내놓은 스베덴보리의 가르침을 지지했다. 그리고 자신의 중년기의 삶을 다룬 글도 열심히 써나갔다. 이 글은 1929년 《나의 중년기의 삶》이라는 제목으로 출간되었다.

대공황이 시작된 1929년은 여러 가지로 힘든 해였다. 헬렌의 삶도 힘들어지고, 설리번 선생의 오른쪽 눈에 통증이 심해져 눈을 제거해야만 했기 때문이다. 헬렌은 이 해에 폴리 톰슨과 함께 워싱턴을 찾아가 미국 의회가 시각 장애인들을 돕는 데 나서 달라고 설득했다. 이 호소가 주효해서 의회는 고맙게도 브라유 점자책을 보급하는 데 쓰도록 7만 5천 달러를 지원하기로 결정한다. 1931년 봄에는 미국 의회에 나가 연설을 함으로써 전국에 시각장애인 도서관들이 세워지게 된다.

1932년 여름에는 두 번째로 스코틀랜드 여행을 떠나 헬렌과 설리번 선생은 글래스고 대학에서 명예법학박사 학위를 받았으며, 유명한 버나드 쇼도 만났다. 그리고 영국 왕실의 초청을 받은 자리에서 헬렌과 설리번 선생이 글자 쓰기와 입술 읽기를 간단히 보여주자, 조지 왕과 메리 왕비는 소리의 진동만으로도 말을 알아듣는다는 사실에 감탄을 금치 못한다. 스코틀랜드에 있을 때 그들은 설리번 선생의 전남편 존 메이시가 세상을 떠났다는 소식을 듣는다. 존 메이시는 설리번을 떠난 뒤 다른 여성과 살았으나, 언제나 그를 잊지 못한 설리번 선생의 슬픔은 매우 컸다.

1932년 겨울, 프랭클린 루스벨트 뉴욕 주지사가 미국 대통령에 당선되어 헬렌은 무척 기뻐했다. 1921년에 처음 알고 나서부터 오랫동안 그를 지지해왔기 때문이다. 헬렌은 장애인을 비롯한 불우한 미국인들의 복지를 위해 힘쓰겠다는 루스벨트 대통령의 약속에 큰 감명을 받았다. 루스벨트는 1921년 서른아홉의 나이에 열병을 앓은 뒤 소아마비 장애인이 되었다. 전에는 귀족 같은 삶을 살았지만, 자신이 장애인이 되고부터는 가난한 사람, 장애를 지닌 사람들의 처지를 이해하게 된다. 루스벨트 대통령은 "헬렌 켈러가 하고자 하는 일은 뭐든지 지지한다."라면서 국가적으로 장애인들을 지원하는 정책들을 적극적으로 펼쳤다. 1935년 그가 서명한 사회보장법에 따라 고용보험이 생기고, 퇴직연금제도가 마련되었으며, 장애인과 어린이들에게도 지원금이 돌아갔다. 헬렌은 대통령 부인인 엘리너 루스벨트 여사도 존경하며 가까이 지냈다. 엘리너 여사는 한 신문에 기고한 글에서 "켈러 양과 나의 남편이 육체의 장애를 이겨내 승리의 본보기가 된 것을 매우 기쁘게 생각한다."고 썼다.

헬렌은 1933년 〈사흘만 볼 수 있다면〉이라는 수필에서, 첫째 날에는 나를 가르쳐준 설리번 선생을 찾아가, 어린 나에게 와서 외부세계의 문을 열어주신 그분의 얼굴을 찬찬히 바라보고 싶다고 피력한다. 힘들게 나를 가르치며 내게 베풀어준 동정심 넘치는 상냥함과 인내심이 어디에서 온 것인지 그 생생한 증거를 찾아내고 싶다는 것이다. 내가 읽은 책이나 내게 읽어주었던 책들이 빛나는 큰 등대가 되어, 내게 인간의 삶과 영혼이 가야 할 길을 밝혀주었기 때문이다. 첫날 오후엔 숲속을 오래 거닐며 자연의 아름다움에 내 눈을 흠뻑 취하게 하고 싶다고 한다. 둘째 날엔 동트기 전에 일어나 밤이 낮으로 바뀌는 가슴 떨리는 기적을 바라본 뒤, 뉴욕시의 자연사

박물관과 메트로폴리탄 미술관을 찾아가겠다고 한다. 둘째 날 밤은 극장이나 영화관에서 보내고 싶다고 한다. 셋째 날엔 아침 일찍 거리로 나가 파크 애버뉴, 빈민가와 공장들, 아이들이 뛰어노는 공원들을 찾아가겠다고 한다. 그녀의 눈은 열려 있어서 불행하고 비참한 것에도 눈을 감지 않는다. 비참하고 슬픈 모습에 눈을 감는 것은 마음과 정신의 눈을 감는 것이나 다름없기 때문이다.

이제 설리번 선생은 더욱 쇠약해져서 서서히 죽어가고 있었다. 자신의 전기를 쓴 책[77]이 나왔지만 그것도 알아보지 못할 지경이었다. 1934년에는 앞을 거의 볼 수 없었고, 1935년에는 왼쪽 눈을 수술했으나 결과가 좋지 않았다. 이제는 역할이 바뀌어 헬렌과 폴리 톰슨이 앤에게 책을 읽어주었다. 헬렌은 상상조차 하기 싫었지만 선생님이 없는 세상을 준비해야 했다. 1936년 10월 20일, 헬렌이 그토록 사랑하며 존경했던 앤 설리번 선생이 헬렌의 손을 잡은 채 세상을 떠나자 그녀는 큰 충격을 받는다. 사망원인은 동맥경화증으로 기록되었다. 유해는 화장되어 워싱턴에 있는 대성당에 안치되었다. 여자의 유해가 이 성당에 안치되는 영예를 누린 것은 이번이 처음이었다. 설리번 선생이 생사의 문턱을 넘나들 때 폴리 톰슨이 받아쓴 설리번 선생의 마지막 말에는 헬렌의 앞날을 걱정하는 이런 말이 적혀 있었다. "신이시여, 내가 내 삶을 희생하여 헬렌이

---

77) 넬라 브래디가 쓴 《앤 설리번 메이시 - 헬렌 켈러의 배후 이야기》를 말함.

살아갈 수 있도록 해주신 것에 감사드립니다. 비록 내가 없더라도 헬렌이 살아갈 수 있도록 도와주소서." 헬렌은 처음에 잠도 못 자고 먹지도 못했지만, 하늘나라에서 남들처럼 정상적인 눈으로 선생님과 다시 만날 것을 굳게 믿었다.

장례식이 끝난 후 헬렌과 폴리는 슬픔에서 벗어나기 위해 폴리의 가족이 있는 스코틀랜드로 여행을 떠났다. 헬렌에게 애니 없는 삶으로 돌아가는 것은 견디기 어려운 시련이었다. 외로움은 달랠 길 없고, 텅 빈 가슴은 무엇으로도 채울 수 없을 것 같았다. 사람의 영혼은 죽어도 죽지 않는다는 믿음이 큰 힘이 되었다.

설리번 선생이 세상을 떠난 뒤에는 폴리 톰슨이 모든 일을 도맡아 헬렌을 도와주었다. 헬렌보다 다섯 살 어린 폴리 톰슨은 1914년부터 22년 동안 헬렌의 비서 일을 해오고 있었다. 그녀는 1885년 스코틀랜드의 글래스고에서 태어났으며, 미국으로 이민 온 삼촌을 따라 미국에 건너왔다.

헬렌은 1937년 일본에 와서 시각·청각 장애인들을 격려해 달라는 초청을 받았다. 일본 방문은 성공적이었고, 3천 5백만 엔이라는 큰 기금이 모였다. 일본 왕의 여동생이 헬렌과 함께 여행하면서 좋은 길동무가 되어 주었다. 일본 여행을 마친 뒤에는 조선과 만주를 방문하기도 한다. 동아시아 여행에서 돌아온 다음 해 《헬렌 켈러의 일지Helen Keller's Journal》가 출간되었다.

제2차 세계대전이 일어나자 헬렌은 부상병들을 돕는 일에 발 벗고 나선다. 1940년대에는 스페인 공화주의자 석방 운동, 매카시즘의 희생양이 된 사회주의자 석방 운동에 동참하고, 눈이 멀게 된 용사 구제 운동을 벌인다. 전쟁이 끝난 뒤인 1946년에는 외국인시각장애인재단의 주관으로 시각·청각 장애인들을 위한 해외여행에 나선다.

1953년에는 〈정복되지 않은 사람〉이라는 자신의 기록 영화에 출연하기도 한다. 후일 〈헬렌 켈러 이야기〉라는 제목으로 바뀌어 상영된 이 영화는 1955년 아카데미 상을 받았다. 영화 촬영을 끝낸 뒤 그녀는 설리번 선생에 대한 회고록을 쓰는 일에 착수하였고, 그 책은 1955년 《선생님: 앤 설리번 메이시》라는 제목으로 출간되었다. 헬렌은 이미 7년 전에 이 회고록을 쓰고 있었으나 집이 불타 원고와 편지 그리고 아끼던 소장품들을 모두 잃는 바람에 새로 글을 쓰기로 했다. 또한 1955년에는 여성 최초로 하버드 대학에서 명예박사 학위를 받기도 했다. 1957년에는 헬렌 켈러의 어린 시절을 담은 〈기적을 일으킨 사람The Miracle Worker〉이 드라마로 방영되었고, 이 드라마는 1959년 윌리엄 깁슨의 연극으로 다시 태어났다. 이 희곡은 1960년에 퓰리처상을 받았고, 1962년에 다시 영화로 만들어졌다.

헬렌과 함께 살면서 모든 일을 도와주었던 폴리 톰슨의 건강이 점점 나빠졌다. 1957년 심장발작을 일으킨 그녀는 많이 야윈 데다 눈까지 나빠져 두 눈이 잘 보이지 않았다. 헬렌도 건강이 나빠져 시각장애인재단의 일을 더 이상 할 수 없게 되었다. 헬렌과 46년을 같이 보낸 폴리 톰슨은 1960년에 사망했다. 그녀가 떠난 뒤엔 미국시각장애인재단에서 비서로 보내준 에블린 시드가 헬렌을 도와주었다.

헬렌 켈러는 미국 대통령들을 만나는 유명 인사가 되어 있었으나 뒤에서는 감시를 당하기도 했다. 미연방수사국FBI 국장인 존 에드거 후버에게는 헬렌이 눈엣가시와 같은 존재였다. 그는 1924년부터 1972년까지 무려 48년 동안 수사국장으로 일하면서 공산주의자 색출에 앞장섰던 인물이다. 연방수사국은 헬렌이 존경받는 장애인 활동가라는 점에서 전면적인 수사를 벌이지는 못했지만, 그녀에 대한 감시의 끈을 놓치지 않고 지속적으로 사찰을 진행해 43쪽 분량의 보고서를 작성해놓았다. 이 보고서에서 헬렌은 아인슈타인 등과 함께 "공산주의, 파시스트, 나치당원"으로 분류돼 있다. 이 보고서에 따르면 헬렌은 1943년 아인슈타인을 비롯한 유명 인사들과 '의회의 반미활동위원회'를 해체하라는 탄원서에 서명했다고 기록돼 있다.

그러나 헬렌 켈러는 나치당원이기는커녕 오히려 나치 학생들에 의해 그녀의 책이 불태워졌다. 그녀는 히틀러가 권력을 잡았을 때 나치 대학생들에게 이렇게 말했다. "여러분이 사상을 없앨 수 있다고 생각한다면 역사로부터 아무것도 배우지 못한 겁니다. 과거에도 독재자들은 종종 이런 일을 시도하곤 했지만 사상은 그들의 탄압에 맞서 일어나 그들을 파괴시켰습니다. 내가 쓴 책과 유럽의 책들을 불태울 순 있겠지만 그 책 속에 담긴 정신은 수많은 경로를 통해 흘러나오고 스며들어 다른 사람들의 생각을 자극해서는 계속 그 정신을 이어가게 할 것입니다."

어느덧 황혼의 나이가 된 헬렌 켈러는 1961년에 뇌졸중과 당뇨병에 계속 시달리면서 말년을 자신의 집에서만 보낸다. 그녀는 1964년 미국 대통령 린든 존슨으로부터 최고의 훈장 '자유의 메달'을 받고, 1965년에는 '뉴욕 세계박람회'에서 '미국 여성 명예의 전당'에 뽑히는 영예를 누렸다. 그리고 앤 설리번이 사망하고 나서도 32년을 더 살다가, 1968년 6월 1일 향년 88세의 나이로 코네티컷 주의 자택에서 잠든 상태에서 평화롭게 숨을 거둔다. 1,200명의 추모객이 참석한 가운데 치러진 그녀의 장례식은 워싱턴 D.C.에 위치한 성공회 대성당에서 행해졌으며, 그녀의 유해는 영원한 동료이자 선생인 앤 설리번과 비서 폴리 톰슨의 옆자리에 안치된다. 헬렌은 죽어도 영혼은 불멸한다고 믿었기에 죽음을 두려워하지 않았다. 다른 세상에서는 남들처럼 보고 들을 수 있을 거라고 굳게 믿은 것이다.

헬렌 켈러는 개인 및 공공 생활에서 역사상 획기적인 인물이었다. 시각과 청각 장애인이면서 애니와 함께 작가이자 강연자, 운동가가 된 것은 엄청난 성과였다. 그녀는 강연과 책을 통해 인식을 높이고 미국시각장애인재단을 위한 기금을 모금하는 등 여러 면에서 장애인 커뮤니티를 옹호했다. 이처럼 헬렌 켈러는 우리가 흔히 알고 있는 것과는 달리 사회활동가로서 열정적인 삶을 살았다.

그녀가 극복하고 했던 것은 자기의 신체장애만이 아니었다. 그것은 '시각 장애를 가진 경제와 청각 장애를 가진 사회', 바로 당시의 불완전하고 따뜻하지도 못한 '자본주의'였다. 그런데 지금까지 교과서도, '세계위인전기'도 그녀의 사회 활동은 철저히 외면했다. 그녀의 신체적 장애만 부각시켰을 뿐 정작 장애를 극복한 그녀가 지키고 설파하고자 했던 이념은 깨끗이 지워버렸다.

그러면 헬렌 켈러의 활발한 사회 활동에 대해 오늘날까지 왜 제대로 밝혀지지 않았을까? 그것은 헬렌 켈러의 감춰진 삶은 FBI(미연방수사국)의 감시 속에서 이루어졌고, 사회와 여론은 그녀가 '투사'가 되는 것보다는 '기적의 여인'으로 남아 있기를 바랐던 것 때문이 아니었을까?

생전에 그녀는 그로버 클리블랜드부터 루스벨트, 케네디, 린든 존슨에 이르기까지 모든 미국 대통령을 만나는 진기한 기록을 세웠다. 원스턴 처칠은 그녀를 "우리 시대의 가장 위대한 여성"이라고 칭송했고, 1999년 갤럽이 뽑은 '20세기에 가장 널리 존경받는 인물' 18인 중 한 사람으로 선정되기도 한 사람이 바로 헬렌 켈러이다. 2003년 앨라배마 주는 주를 상징하는 쿼터(25센트) 동전에 헬렌 켈러를 그려 넣었다.

그녀의 행복의 원천은 선을 행하는 것이었다. 그녀는 "행복해지려면 행복을 낳는 일, 즉 선행을 베풀어야 한다."고 말했다. 이처럼 헬렌 켈러는 시각·청각 장애를 극복한 엄청난 용기와 낙관주의, 사심 없는 인도주의적 봉사의 삶으로 인해 온 세상 사람들에게 무한한 용기와 영감의 원천으로 남아 있다.＊